《论语》的逻辑

韩桂君　刘纯泽　王小康　著

北京理工大学出版社
BEIJING INSTITUTE OF TECHNOLOGY PRESS

内 容 简 介

本书是中南财经政法大学韩桂君教授根据二十多年的全校通识课《论语》的教学经验领衔撰写的一本关于《论语》中的篇章逻辑与文学技巧探索的著作。全书逻辑严谨，在梳理《论语》相关要义的同时，为读者提供一个全新的视角，破除了《论语》是语录体所以杂乱无章的说法。旨在通过本书的讲述，激发学生探究《论语》各篇内在逻辑关系的兴趣，引导学生以中国儒家经典《论语》为窗口，多读经典，加深学生对孔子及儒家学派的政治主张、伦理思想、道德观念、教育原则等方面的了解，并进一步促使学生通过研读经典陶冶情操。

本书内容由浅入深、循序渐进，可读性强，是一本令人受益终生的国学经典解读书籍，可作为高校公共课《论语》的教材，也可作为普通大众的课外读物。

图书在版编目（CIP）数据

《论语》的逻辑 / 韩桂君，刘纯泽，王小康著. --
北京：北京理工大学出版社，2023.4
　　ISBN 978-7-5763-2257-6

　　Ⅰ.①论… Ⅱ.①韩… ②刘… ③王… Ⅲ.①《论语
》-研究 Ⅳ.①B222. 25

中国国家版本馆 CIP 数据核字（2023）第 060206 号

出版发行 / 北京理工大学出版社有限责任公司

社　　址 / 北京市海淀区中关村南大街 5 号

邮　　编 / 100081

电　　话 / （010）68914775（总编室）
　　　　　　（010）82562903（教材售后服务热线）
　　　　　　（010）68944723（其他图书服务热线）

网　　址 / http：//www.bitpress.com.cn

经　　销 / 全国各地新华书店

印　　刷 / 三河市华骏印务包装有限公司

开　　本 / 787 毫米×1092 毫米　1/16

印　　张 / 10　　　　　　　　　　　　　　　　责任编辑 / 徐艳君

字　　数 / 172 千字　　　　　　　　　　　　　文案编辑 / 徐艳君

版　　次 / 2023 年 4 月第 1 版　2023 年 4 月第 1 次印刷　　责任校对 / 刘亚男

定　　价 / 38.00 元　　　　　　　　　　　　　责任印制 / 李志强

前　言

　　《论语》在成书以后，直到清朝末年废除科举之前，一直是华夏历代读书人的必读书目。研读《论语》有心得者，则著书立说，以求成一家之言。因此，两千多年来阐释《论语》的书籍如汗牛充栋。纵览这些书籍，可以发现对于《论语》中的有些章，因含义相对清晰而争议不大，但是也未必符合逻辑从而可能不正确；对于有些章，则存在众说纷纭的现象，令读者莫衷一是；有些章的释义则严重扭曲了孔子思想，造成真义淹没的不幸后果，更有甚者，通过歪曲《论语》中孔子话语的意思来批判孔子。造成《论语》研究不理想的现状，究其原因有三：第一，未抓住主题；第二，未遵循逻辑；第三，未能明白其所运用的文学技巧。此乃本书的缘起。

一、写作本书的目的

　　第一，揭示《论语》二十篇的内在逻辑结构。一方面，为读者提供一个全新的视角，破除《论语》是语录体所以杂乱无章的说法；[①] 另一方面，激发有志之士探究各篇内在逻辑结构的愿望。本书第二部分阐述《论语》二十篇的主题及其内在逻辑关系。

　　第二，揭示《论语》作者在编纂时所使用的文学技巧。本书第三部分具体论证赋比兴以及其他文学手法在《论语》中的运用。

　　第三，揭示某一篇的内在逻辑结构，以为范例。本书第四部分，以《论语·学而第一》和《论语·宪问第十四》为例，来彰显《论语》每一篇都有其主题和逻辑结构及文学技巧。

　　第四，希望读者对《论语》能形成整体感。《论语》上下部之间是有内在联系的，《论语》上部十篇之间、下部十篇之间也是有严谨的逻辑关系的。虽然《论语》大多数章都有其独立的含义，但是并不能因此而否认每一章都是服务于每篇的主题之目的。

---

　　① 李零，《丧家狗》，山西人民出版社 2007 年版，自序第 3 页。

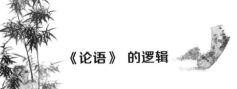

在我们对《论语》有整体而准确的把握之后，完全可以赋诗断章，灵活运用。

第五，希望读者能够通过阅读本书，感受《论语》的文学之美、史学之智和哲学之思。

二、本书的结构安排说明

鉴于上述写作目的，本书不同于传统解读《论语》的所有著作。

第一，采取留白手法。本书并不对每一篇每一章进行无遗漏的解释，而是对争议大的部分章进行新解、新证、重解。一则对于没有争议的章，不做与前人相似的、重复性解释；二则为读者留下创新的空间。本书给出一些方法和路径，提供可靠的论证文献，为读者借鉴。有些有争议的章，留给有志于发现孔子本义的后起之秀，作出创造性贡献。

第二，不破坏其篇章整体性。将《论语》全文置于开篇的首位而不用每章的解释将其割裂。一方面突出《论语》元典之重要性，引导读者亲近《论语》原文而不是被白话译文所误导；另一方面强调《论语》篇章的整体性和内容的连贯一致性。这样就避免了传统阐释《论语》在每章之下进行解释，破坏了章与章之间的内在韵味和逻辑关联。

第三，采取例证法。不论是《论语》的文学技巧、《论语》篇内结构赏析，还是《论语》争议章新证以及《论语》争议章新解、重解，都有一个范例，为读者提供一个模板，使有心的读者可以参考和超越。

第四，师生互动性。本书第七部分的论文，反映学生参加《论语》课堂的收获，并能"举一反三"，有自己的发挥和创造。正所谓"善教者，使人继其志"。①

第五，坚信《论语》是一部有主题且逻辑结构严谨的作品。不接受前人关于"论语是语录体、无逻辑"的说法，以激发学人用力发现其主题和内在逻辑。

寄望更多学人摆脱旧说的束缚，不以"一千个人就有一千个哈姆雷特"为托词而安于对《论语》不求甚解的现状，应敢于迎难而上，破解《论语》真意的千古之谜。

三、给读者的建议

从作者的角度，向阅读本书的学人提几个学习建议。总体建议是请按照顺序阅读，因为熟悉甚至能够背诵《论语》文本是较好理解和掌握后面内容的基础。具体学习各

---

① 《礼记·学记》。

部分的建议如下：

第一，针对第一部分《论语》原文，从整体上一篇一篇地诵读而不急于查阅他人的阐释，避免先入为主和仅仅满足于肤浅的字面解释。他人的注释一方面将《论语》的章与章割裂开来，机械地解读，使文意不连贯，另一方面可能误导读者走向歧途。读者自己完整地吟诵每一篇原文，形成整体感，同时在熟悉文本到一定程度后，就能领会文本背后的思想主题和语言逻辑，跨越两千年神交孔子与其弟子，其感受妙不可言。

在阅读原文时，自己要身心端正，不急不躁，轻声吟诵，虚心省察，从而能够亲近元典，获得教益。在诵读每一篇时思考几个问题：①本篇的主题是什么？在哪一章集中揭示主题？②本篇运用了哪些文学技巧？③本篇每一章之间有什么内在的逻辑联系？④本篇能划分为几个单元？⑤每个单元的主题是什么？各单元之间有什么逻辑关系？⑥本篇与前后篇之间的逻辑联系如何？如此研读，才能体察孔子思想的丰富和深邃。

第二，针对第二部分《〈论语〉篇序传》，应以谦虚的心态认真玩味并吸取其精华。该文破解了一个千古之谜——《论语》二十篇的内在编排逻辑，是一个巨大的智力贡献，值得读者反复琢磨。在全文阅读后，可以回头再提出一个问题：在承认了《论语》二十篇之间是有内在逻辑的前提下，还有没有其他解读模式？这样在前人思考的基础上，继续探究并有根据地创新。

第三，针对第三部分关于赋比兴的解释等《论语》的文学技巧，需要有耐心。《论语》的文学技巧与其篇内各章逻辑结构是相互联系的。一般人都不大注意《论语》的文学技巧，以致机械地、支离破碎地解读论语，令人遗憾。而赋比兴在《诗经》中体现最为明显。因此，先以《诗经》中赋比兴为例，然后将其用于剖析《论语》是如何运用赋比兴的。所以，需要读者有耐心，先掌握了赋比兴，再学会通观《论语》每一篇，以发现《论语》作者巧妙运用赋比兴来呈现孔子思想的高明之处。

第四，针对第四部分《论语》篇内结构解析，需要尽可能地熟悉《论语·学而第一》十六章和《论语·宪问第十四》四十五章的文本。以《论语·学而第一》为范例，证明《论语》每篇都运用了赋比兴且章与章之间都是有内在严谨的逻辑联系的，因此读者需要事先熟悉《论语·学而第一》十六章的文本。在阅读本部分的同时，也可以带着一个问题：还有没有更好的结构划分方式？以此强化阅读效果。《论语·宪问第十四》亦同。在掌握了本部分内容及其方法后，读者可以用同样的解经方法去探究其他各篇的内在章序逻辑。

第五，针对第五、第六、第七部分，需要模仿这三部分的方法进行习作，尝试解读《论语》某一章。对于已经完成了《论语》原文诵读甚至背熟的任务基础上，发现

前人对某一章存在聚讼纷纭或者有两种截然相反的观点时，在《〈论语〉篇序传》的主题限定下运用《论语》独特的文学技巧，展开独立研究，体验探索的意义和乐趣。每有心得，其乐无穷。

第六，第一部分原文每章前的数字含义。每章前的数字，第一个数字是篇序，1 是《论语·学而第一》，2 是《论语·为政第二》，依此类推；第二个数字是篇内的章序，1.1 是《论语·学而第一》第一章，2.1 是《论语·为政第二》第一章，依此类推。

第七，在断句上与通行版本略有不同。例如【2.9】子曰：吾与回言终日，不违，如愚。退而省其私，亦足以发，回也不愚。这是通行的断句，不太符合逻辑与常识。本书的断句：子曰：吾与回言，终日不违，如愚。退而省其私，亦足以发，回也不愚。因为《论语·尧曰第二十》通行本第一章太长了，将其分开而划分为八章，一则与其他篇保持大体相同的体例，每章内容合适；二则便于断句引用。

祝愿读者带着愉悦的心情开启智慧之眼，享受《论语》的逻辑思维之旅。

韩桂君

2022 年 12 月 6 日

目 录

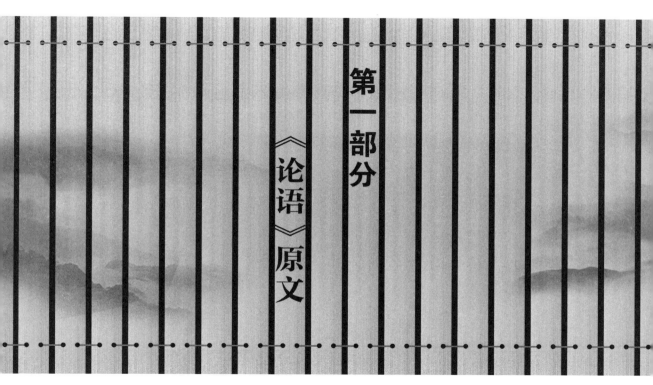

第一部分

《论语》原文

第一篇：学而
（计十六章）

【1.1】子曰：学而时习之，不亦说（音"悦"）乎？有朋自远方来，不亦乐乎？人不知而不愠，不亦君子乎？

【1.2】有子曰：其为人也孝弟（音"悌"），而好犯上者，鲜矣；不好犯上，而好作乱者，未之有也。君子务本，本立而道生。孝弟也者，其为仁之本与！

【1.3】子曰：巧言令色，鲜矣仁！

【1.4】曾子曰：吾日三省吾身，为人谋而不忠乎？与朋友交而不信乎？传不习乎？

【1.5】子曰：道（音"导"）千乘之国，敬事而信，节用而爱人，使民以时。

【1.6】子曰：弟子入则孝，出则弟（音"悌"），谨而信，泛爱众，而亲仁。行有余力，则以学文。

【1.7】子夏曰：贤贤易色，事父母能竭其力，事君能致其身，与朋友交言而有信。虽曰未学，吾必谓之学矣。

【1.8】子曰：君子不重则不威，学则不固，主忠信，无友不如己者，过则勿惮改。

【1.9】曾子曰：慎终追远，民德归厚矣。

【1.10】子禽问于子贡曰：夫子至于是邦也，必闻其政，求之与？抑与之与？子贡曰：夫子温、良、恭、俭、让以得之。夫子之求之也，其诸异乎人之求之与？

【1.11】子曰：父在观其志，父没观其行，三年无改于父之道，可谓孝矣。

【1.12】有子曰：礼之用，和为贵。先王之道，斯为美。小大由之，有所不行。知和而和，不以礼节之，亦不可行也。

【1.13】有子曰：信近于义，言可复也。恭近于礼，远耻辱也。因不失其亲，亦可宗也。

【1.14】子曰：君子食无求饱，居无求安，敏于事而慎于言，就有道而正焉，可谓好学也已。

【1.15】子贡曰：贫而无谄，富而无骄，何如？子曰：可也。未若贫而乐，富而好

礼者也。子贡曰：诗云，如切如磋，如琢如磨，其斯之谓与？子曰：赐也，始可与言诗已矣，告诸往而知来者。

【1.16】子曰：不患人之不己知，患不知人也。

第二篇：为政
（计二十四章）

【2.1】子曰：为政以德，譬如北辰，居其所而众星共（音"拱"）之。

【2.2】子曰：诗三百，一言以蔽之，曰，思无邪。

【2.3】子曰：道（音"导"）之以政，齐之以刑，民免而无耻；道（音"导"）之以德，齐之以礼，有耻且格。

【2.4】子曰：吾十有五而志于学，三十而立，四十而不惑，五十而知天命，六十而耳顺，七十而从心所欲，不逾矩。

【2.5】孟懿子问孝。子曰：无违。樊迟御，子告之曰：孟孙问孝于我，我对曰无违。樊迟曰：何谓也？子曰：生，事之以礼；死，葬之以礼，祭之以礼。

【2.6】孟武伯问孝。子曰：父母唯其疾之忧。

【2.7】子游问孝。子曰：今之孝者，是谓能养。至于犬马，皆能有养。不敬，何以别乎？

【2.8】子夏问孝。子曰：色难。有事，弟子服其劳；有酒食，先生馔；曾是以为孝乎？

【2.9】子曰：吾与回言，终日不违，如愚。退而省其私，亦足以发，回也不愚。

【2.10】子曰：视其所以，观其所由，察其所安。人焉廋哉？人焉廋哉？

【2.11】子曰：温故而知新，可以为师矣。

【2.12】子曰：君子不器。

【2.13】子贡问君子。子曰：先行其言，而后从之。

【2.14】子曰：君子周而不比，小人比而不周。

【2.15】子曰：学而不思则罔，思而不学则殆。

【2.16】子曰：攻乎异端，斯害也已。

【2.17】子曰：由！诲女知之乎！知之为知之，不知为不知，是知也。

【2.18】子张学干禄。子曰：多闻阙疑，慎言其余，则寡尤。多见阙殆，慎行其余，则寡悔。言寡尤，行寡悔，禄在其中矣。

【2.19】哀公问曰：何为则民服？孔子对曰：举直错诸枉，则民服；举枉错诸直，则民不服。

【2.20】季康子问：使民敬忠以劝，如之何？子曰：临之以庄，则敬；孝慈，则忠；举善而教不能，则劝。

【2.21】或谓孔子曰：子奚不为政？子曰：书云，孝乎惟孝，友于兄弟。施于有政，是亦为政，奚其为为政？

【2.22】子曰：人而无信，不知其可也。大车无輗（ní），小车无軏（yuè），其何以行之哉？

【2.23】子张问：十世可知也？子曰：殷因于夏礼，所损益，可知也；周因于殷礼，所损益，可知也。其或继周者，虽百世，可知也。

【2.24】子曰：非其鬼而祭之，谄也。见义不为，无勇也。

第三篇：八佾
（计二十六章）

【3.1】孔子谓季氏：八佾舞于庭，是可忍也，孰不可忍也？

【3.2】三家者以雍彻。子曰：相维辟公，天子穆穆，奚取于三家之堂？

【3.3】子曰：人而不仁，如礼何？人而不仁，如乐何？

【3.4】林放问礼之本。子曰：大哉问！礼，与其奢也，宁俭；丧，与其易也，宁戚。

【3.5】子曰：夷狄之有君，不如诸夏之亡也。

【3.6】季氏旅于泰山。子谓冉有曰：女弗能救与？对曰：不能。子曰：呜呼！曾谓泰山不如林放乎？

【3.7】子曰：君子无所争，必也射乎！揖让而升，下而饮。其争也君子。

【3.8】子夏问曰：巧笑倩兮，美目盼兮，素以为绚兮，何谓也？子曰：绘事后素。曰：礼后乎？子曰：起予者商也！始可与言诗已矣。

【3.9】子曰：夏礼，吾能言之，杞不足徵也；殷礼，吾能言之，宋不足徵也。文献不足故也。足，则吾能徵之矣。

【3.10】子曰：禘，自既灌而往者，吾不欲观之矣。

【3.11】或问禘之说。子曰：不知也；知其说者之于天下也，其如示诸斯乎！指其掌。

【3.12】祭如在，祭神如神在。子曰：吾不与祭，如不祭。

【3.13】王孙贾问曰：与其媚于奥，宁媚于灶，何谓也？子曰：不然；获罪于天，无所祷也。

【3.14】子曰：周监于二代，郁郁乎文哉！吾从周。

【3.15】子入太庙，每事问。或曰：孰谓鄹人之子知礼乎？入太庙，每事问。子闻之，曰：是礼也。

【3.16】子曰：射不主皮，为力不同科，古之道也。

【3.17】子贡欲去告朔之饩羊。子曰：赐也！尔爱其羊，我爱其礼。

【3.18】子曰：事君尽礼，人以为谄也。

【3.19】定公问：君使臣，臣事君，如之何？孔子对曰：君使臣以礼，臣事君以忠。

【3.20】子曰：关雎，乐而不淫，哀而不伤。

【3.21】哀公问社于宰我。宰我对曰：夏后氏以松，殷人以柏，周人以栗，曰，使民战栗。子闻之，曰：成事不说，遂事不谏，既往不咎。

【3.22】子曰：管仲之器小哉。或曰：管仲俭乎？曰：管氏有三归，官事不摄，焉得俭？然则管仲知礼乎？曰：邦君树塞门，管氏亦树塞门。邦君为两君之好，有反坫，管氏亦有反坫。管氏而知礼，孰不知礼？

【3.23】子语鲁大师乐，曰：乐其可知也。始作，翕如也；从之，纯如也，皦如也，绎如也，以成。

【3.24】仪封人请见，曰：君子之至于斯也，吾未尝不得见也。从者见之。出曰：二三子何患于丧乎？天下之无道也久矣，天将以夫子为木铎。

【3.25】子谓韶：尽美矣，又尽善也。谓武：尽美矣，未尽善也。

【3.26】子曰：居上不宽，为礼不敬，临丧不哀，吾何以观之哉？

第四篇：里仁
（计二十六章）

【4.1】子曰：里仁为美。择不处仁，焉得知？

【4.2】子曰：不仁者，不可以久处约，不可以长处乐。仁者安仁，知者利仁。

【4.3】子曰：唯仁者，能好人，能恶人。

【4.4】子曰：苟志于仁矣，无恶也。

【4.5】子曰：富与贵，是人之所欲也，不以其道得之，不处也。贫与贱，是人之所恶也，不以其道得之，不去也。君子去仁，恶乎成名。君子无终食之间违仁，造次必于是，颠沛必于是。

【4.6】子曰：我未见好仁者，恶不仁者。好仁者，无以尚之；恶不仁者，其为仁矣，不使不仁者加乎其身。有能一日用其力于仁矣乎？我未见力不足者。盖有矣，我未之见也。

【4.7】子曰：人之过也，各于其党。观过，斯知仁矣。

【4.8】子曰：朝闻道，夕死可矣！

【4.9】子曰：士志于道，而耻恶衣恶食者，未足与议也！

【4.10】子曰：君子之于天下也，无适也，无莫也，义之与比。

【4.11】子曰：君子怀德，小人怀土；君子怀刑，小人怀惠。

【4.12】子曰：放于利而行，多怨。

【4.13】子曰：能以礼让为国乎，何有？不能以礼让为国，如礼何？

【4.14】子曰：不患无位，患所以立；不患莫己知，求为可知也。

【4.15】子曰：参乎！吾道一以贯之。曾子曰：唯。子出，门人问曰：何谓也？曾子曰：夫子之道，忠恕而已矣。

【4.16】子曰：君子喻于义，小人喻于利。

【4.17】子曰：见贤思齐焉，见不贤而内自省也。

【4.18】子曰：事父母几谏，见志不从，又敬不违，劳而不怨。

【4.19】子曰：父母在，不远游，游必有方。

【4.20】子曰：三年无改于父之道，可谓孝矣。

【4.21】子曰：父母之年，不可不知也。一则以喜，一则以惧。

【4.22】子曰：古者言之不出，耻躬之不逮也。

【4.23】子曰：以约失之者，鲜矣。

【4.24】子曰：君子欲讷于言，而敏于行。

【4.25】子曰：德不孤，必有邻。

【4.26】子游曰：事君数，斯辱矣；朋友数，斯疏矣。

第五篇：公冶长
（计二十九章）

【5.1】子谓公冶长，可妻也。虽在缧绁之中，非其罪也。以其子妻之。

【5.2】子谓南容，邦有道不废，邦无道免于刑戮。以其兄之子妻之。

【5.3】子谓子贱，君子哉若人！鲁无君子者，斯焉取斯？

【5.4】子贡问曰：赐也何如？子曰：女，器也。曰：何器也？曰：瑚琏也。

【5.5】或曰：雍也仁而不佞。子曰：焉用佞？御人以口给，屡憎于人。不知其仁，焉用佞？

【5.6】子使漆雕开仕。对曰：吾斯之未能信。子说。

【5.7】子曰：道不行，乘桴浮于海。从我者，其由与？子路闻之喜。子曰：由也好勇过我，无所取材。

【5.8】孟武伯问：子路仁乎？子曰：不知也。又问。子曰：由也，千乘之国，可使治其赋也，不知其仁也。求也何如？子曰：求也，千室之邑，百乘之家，可使为之宰也，不知其仁也。赤也何如？子曰：赤也，束带立于朝，可使与宾客言，不知其仁也。

【5.9】子谓子贡曰：女与回也，孰愈？对曰：赐也，何敢望回？回也，闻一以知十；赐也，闻一以知二。子曰：弗如也；吾与女，弗如也。

【5.10】宰予昼寝。子曰：朽木不可雕也，粪土之墙不可圬也。于予与何诛？

【5.11】子曰：始吾于人也，听其言而信其行；今吾于人也，听其言而观其行。于予与改是。

【5.12】子曰：吾未见刚者。或对曰：申枨。子曰：枨也欲，焉得刚？

【5.13】子贡曰：我不欲人之加诸我也，吾亦欲无加诸人。子曰：赐也，非尔所及也。

【5.14】子贡曰：夫子之文章，可得而闻也；夫子之言性与天道，不可得而闻也。

【5.15】子路有闻，未之能行，唯恐有闻。

【5.16】子贡问曰：孔文子何以谓之文也？子曰：敏而好学，不耻下问，是以谓之文也。

【5.17】子谓子产：有君子之道四焉，其行己也恭，其事上也敬，其养民也惠，其使民也义。

【5.18】子曰：晏平仲善与人交，久而敬之。

【5.19】子曰：臧文仲居蔡，山节藻棁，何如其知也？

【5.20】子张问曰：令尹子文三仕为令尹，无喜色；三已之，无愠色；旧令尹之政，必以告新令尹；何如？子曰：忠矣。曰：仁矣乎？曰：未知；焉得仁？崔子弑齐君，陈文子有马十乘，弃而违之；至于他邦，则曰，犹吾大夫崔子也，违之；之一邦，则又曰，犹吾大夫崔子也，违之；何如？子曰：清矣。曰：仁矣乎？子曰：未知；焉得仁？

【5.21】季文子三思而后行。子闻之，曰：再，斯可矣。

【5.22】子曰：宁武子邦有道则知，邦无道则愚。其知可及也，其愚不可及也。

【5.23】子在陈曰：归与！归与！吾党之小子狂简，斐然成章，不知所以裁之。

【5.24】子曰：伯夷、叔齐不念旧恶，怨是用希。

【5.25】子曰：孰谓微生高直？或乞醯焉，乞诸其邻而与之。

【5.26】子曰：巧言、令色、足恭，左丘明耻之，丘亦耻之。匿怨而友其人，左丘明耻之，丘亦耻之。

【5.27】颜渊、季路侍。子曰：盍各言尔志？子路曰：愿车马、衣轻裘，与朋友共，敝之而无憾。颜渊曰：愿无伐善，无施劳。子路曰：愿闻子之志。子曰：老者安之，朋友信之，少者怀之。

【5.28】子曰：已矣乎！吾未见能见其过，而自讼者也。

【5.29】子曰：十室之邑，必有忠信如丘者焉，不如丘之好学也。

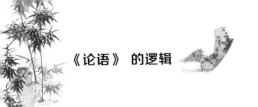

第六篇：雍也
（计三十章）

【6.1】子曰：雍也可使南面。

【6.2】仲弓问子桑伯子。子曰：可也；简。仲弓曰：居敬而行简，以临其民，不亦可乎？居简而行简，无乃大简乎？子曰：雍之言然。

【6.3】哀公问：弟子孰为好学？孔子对曰：有颜回者好学，不迁怒，不贰过。不幸短命死矣，今也则亡，未闻好学者也。

【6.4】子华使于齐，冉子为其母请粟。子曰：与之釜。请益。曰：与之庾。冉子与之粟五秉。子曰：赤之适齐也，乘肥马，衣轻裘。吾闻之也，君子周急不继富。

【6.5】原思为之宰，与之粟九百，辞。子曰：毋！以与尔邻里乡党乎！

【6.6】子谓仲弓，曰：犁牛之子骍且角，虽欲勿用，山川其舍诸？

【6.7】子曰：回也，其心三月不违仁，其余则日月至焉而已矣。

【6.8】季康子问：仲由可使从政也与？子曰：由也果，于从政乎何有？曰：赐也可使从政也与？曰：赐也达，于从政乎何有？曰：求也可使从政也与？曰：求也艺，于从政乎何有？

【6.9】季氏使闵子骞为费宰。闵子骞曰：善为我辞焉！如有复我者，则吾必在汶上矣。

【6.10】伯牛有疾，子问之，自牖执其手，曰：亡之，命矣夫！斯人也而有斯疾也！斯人也而有斯疾也！

【6.11】子曰：贤哉，回也！一箪食，一瓢饮，在陋巷，人不堪其忧，回也不改其乐。贤哉，回也！

【6.12】冉求曰：非不说子之道，力不足也。子曰：力不足者，中道而废。今女画。

【6.13】子谓子夏曰：女为君子儒！无为小人儒！

【6.14】子游为武城宰。子曰：女得人焉尔乎？曰：有澹台灭明者，行不由径，非公事，未尝至于偃之室也。

【6.15】子曰：孟之反不伐，奔而殿，将入门，策其马，曰，非敢后也，马不进也。

【6.16】子曰：不有祝鮀之佞，而有宋朝之美，难乎免于今之世矣。

【6.17】子曰：谁能出不由户？何莫由斯道也？

【6.18】子曰：质胜文则野，文胜质则史。文质彬彬，然后君子。

【6.19】子曰：人之生也直，罔之生也幸而免。

【6.20】子曰：知之者不如好之者，好之者不如乐之者。

【6.21】子曰：中人以上，可以语上也；中人以下，不可以语上也。

【6.22】樊迟问知。子曰：务民之义，敬鬼神而远之，可谓知矣。问仁。曰：仁者先难而后获，可谓仁矣。

【6.23】子曰：知者乐水，仁者乐山。知者动，仁者静。知者乐，仁者寿。

【6.24】子曰：齐一变，至于鲁；鲁一变，至于道。

【6.25】子曰：觚不觚，觚哉！觚哉！

【6.26】宰我问曰：仁者虽告之曰，井有仁焉。其从之也？子曰：何为其然也？君子可逝也，不可陷也；可欺也，不可罔也。

【6.27】子曰：君子博学于文，约之以礼，亦可以弗畔矣夫！

【6.28】子见南子，子路不说。夫子矢之曰：予所否者，天厌之！天厌之！

【6.29】子曰：中庸之为德也，其至矣乎！民鲜久矣。

【6.30】子贡曰：如有博施于民，而能济众，何如？可谓仁乎？子曰：何事于仁！必也圣乎！尧舜其犹病诸！夫仁者，己欲立而立人，己欲达而达人。能近取譬，可谓仁之方也已。

第七篇：述而
（计四十章）

【7.1】子曰：述而不作，信而好古，窃比于我老彭。

【7.2】子曰：默而识之，学而不厌，诲人不倦，何有于我哉？

【7.3】子曰：德之不修，学之不讲，闻义不能徙，不善不能改，是吾忧也。

【7.4】 子之燕居，申申如也，夭夭如也。

【7.5】 子曰：甚矣吾衰也！久矣吾不复梦见周公！

【7.6】 子曰：志于道，据于德，依于仁，游于艺。

【7.7】 子曰：自行束脩以上，吾未尝无诲焉。

【7.8】 子曰：不愤不启，不悱不发。举一隅不以三隅反，则不复也。

【7.9】 子食于有丧者之侧，未尝饱也。

【7.10】 子于是日哭，则不歌。

【7.11】 子谓颜渊曰：用之则行，舍之则藏，惟我与尔有是夫。

【7.12】 子路曰：子行三军，则谁与？子曰：暴虎冯河，死而不悔者，吾不与也。必也临事而惧，好谋而成者也。

【7.13】 子曰：富而可求也，虽执鞭之士，吾亦为之。如不可求，从吾所好。

【7.14】 子之所慎：齐（音"斋"），战，疾。

【7.15】 子在齐闻韶，三月不知肉味，曰：不图为乐之至于斯也。

【7.16】 冉有曰：夫子为卫君乎？子贡曰：诺；吾将问之。入，曰：伯夷、叔齐何人也？曰：古之贤人也。曰：怨乎？曰：求仁而得仁，又何怨？出，曰：夫子不为也。

【7.17】 子曰：饭疏食饮水，曲肱而枕之，乐亦在其中矣。不义而富且贵，于我如浮云。

【7.18】 子曰：加我数年，五十以学易，可以无大过矣。

【7.19】 子所雅言，诗、书、执礼，皆雅言也。

【7.20】 叶公问孔子于子路，子路不对。子曰：女奚不曰，其为人也，发愤忘食，乐以忘忧，不知老之将至云尔。

【7.21】 子曰：我非生而知之者，好古，敏以求之者也。

【7.22】 子不语怪，力，乱，神。

【7.23】 子曰：三人行，必有我师焉。择其善者而从之，其不善者而改之。

【7.24】 子曰：天生德于予，桓魋其如予何？

【7.25】 子曰：二三子以我为隐乎？吾无隐乎尔。吾无行而不与二三子者，是丘也。

【7.26】 子以四教：文，行，忠，信。

【7.27】 子曰：圣人，吾不得而见之矣；得见君子者，斯可矣。

【7.28】 子曰：善人，吾不得而见之矣；得见有恒者，斯可矣。亡而为有，虚而为盈，约而为泰，难乎有恒矣。

【7.29】 子钓而不纲，弋不射宿。

【7.30】 子曰：盖有不知而作之者，我无是也。多闻，择其善者而从之；多见而识

之；知之次也。

【7.31】互乡难与言，童子见，门人惑。子曰：与其进也，不与其退也，唯何甚？人洁己以进，与其洁也，不保其往也。

【7.32】子曰：仁远乎哉？我欲仁，斯仁至矣。

【7.33】陈司败问：昭公知礼乎？孔子曰：知礼。孔子退，揖巫马期而进之，曰：吾闻君子不党，君子亦党乎？君取于吴，为同姓，谓之吴孟子。君而知礼，孰不知礼？巫马期以告。子曰：丘也幸，苟有过，人必知之。

【7.34】子与人歌而善，必使反之，而后和之。

【7.35】子曰：文，莫吾犹人也；躬行君子，则吾未之有得。

【7.36】子曰：若圣与仁，则吾岂敢？抑为之不厌，诲人不倦，则可谓云尔已矣。公西华曰：正唯弟子不能学也。

【7.37】子疾病，子路请祷。子曰：有诸？子路对曰：有之；诔曰，祷尔于上下神祇。子曰：丘之祷久矣。

【7.38】子曰：奢则不孙，俭则固。与其不孙也，宁固。

【7.39】子曰：君子坦荡荡，小人长戚戚。

【7.40】子温而厉，威而不猛，恭而安。

第八篇：泰伯
（计二十三章）

【8.1】子曰：泰伯，其可谓至德也已矣。三以天下让，民无得而称焉。

【8.2】子曰：恭而无礼则劳，慎而无礼则葸，勇而无礼则乱，直而无礼则绞。君子笃于亲，则民兴于仁。故旧不遗，则民不偷。

【8.3】曾子有疾，召门弟子曰：启予足！启予手！诗云，战战兢兢，如临深渊，如履薄冰。而今而后，吾知免夫，小子！

【8.4】曾子有疾，孟敬子问之。曾子言曰：鸟之将死，其鸣也哀；人之将死，其言也善。君子所贵乎道者三：动容貌，斯远暴慢矣；正颜色，斯近信矣；出辞气，斯

远鄙倍矣。笾豆之事，则有司存。

【8.5】曾子曰：以能问于不能，以多问于寡，有若无，实若虚，犯而不校，昔者吾友，尝从事于斯矣。

【8.6】曾子曰：可以托六尺之孤，可以寄百里之命，临大节而不可夺也，君子人与，君子人也。

【8.7】曾子曰：士，不可以不弘毅，任重而道远。仁以为己任，不亦重乎？死而后已，不亦远乎？

【8.8】子曰：兴于诗，立于礼，成于乐。

【8.9】子曰：民可使由之，不可使知之。

【8.10】子曰：好勇疾贫，乱也。人而不仁，疾之已甚，乱也。

【8.11】子曰：如有周公之才之美，使骄且吝，其余不足观也已。

【8.12】子曰：三年学，不至于谷，不易得也。

【8.13】子曰：笃信好学，守死善道。危邦不入，乱邦不居；天下有道则见，无道则隐。邦有道，贫且贱焉，耻也；邦无道，富且贵焉，耻也。

【8.14】子曰：不在其位，不谋其政。

【8.15】子曰：师挚之始，关雎之乱，洋洋乎盈耳哉。

【8.16】子曰：狂而不直，侗而不愿，悾悾而不信，吾不知之矣。

【8.17】子曰：学如不及，犹恐失之。

【8.18】子曰：巍巍乎，舜禹之有天下也，而不与焉。

【8.19】子曰：大哉尧之为君也。巍巍乎，唯天为大，唯尧则之。荡荡乎，民无能名焉。巍巍乎，其有成功也。焕乎，其有文章。

【8.20】舜有臣五人，而天下治。

【8.21】武王曰：予有乱臣十人。

【8.22】孔子曰：才难，不其然乎，唐虞之际，于斯为盛，有妇人焉，九人而已。三分天下有其二，以服事殷，周之德，其可谓至德也已矣。

【8.23】子曰：禹，吾无间然矣，菲饮食，而致孝乎鬼神；恶衣服，而致美乎黻冕；卑宫室，而尽力乎沟恤。禹，吾无间然矣。

第九篇：子罕
（计三十二章）

【9.1】子罕言利与命与仁。

【9.2】达巷党人曰：大哉孔子，博学而无所成名。子闻之，谓门弟子曰：吾何执？执御乎？执射乎？吾执御矣。

【9.3】子曰：麻冕，礼也；今也纯，俭；吾从众。拜下，礼也；今拜乎上，泰也；虽违众，吾从下。

【9.4】子绝四：毋意，毋必，毋固，毋我。

【9.5】子畏于匡。曰：文王既没，文不在兹乎？天之将丧斯文也，后死者不得与于斯文也。天之未丧斯文也，匡人其如予何？

【9.6】太宰问于子贡曰：夫子圣者与，何其多能也？子贡曰：固天纵之将圣，又多能也。子闻之，曰：太宰知我乎？吾少也贱，故多能鄙事。君子多乎哉？不多也！

【9.7】牢曰：子云，吾不试，故艺。

【9.8】子曰：吾有知乎哉？无知也。有鄙夫问于我，空空如也；我叩其两端而竭焉。

【9.9】子曰：凤鸟不至，河不出图，吾已矣乎！

【9.10】子见齐衰者，冕衣裳者，与瞽者，见之，虽少必作，过之必趋。

【9.11】颜渊喟然叹曰：仰之弥高，钻之弥坚，瞻之在前，忽焉在后！夫子循循然善诱人，博我以文，约我以礼，欲罢不能。既竭吾才，如有所立。卓尔，虽欲从之，末由也已！

【9.12】子疾病，子路使门人为臣。病间，曰：久矣哉，由之行诈也！无臣而为有臣，吾谁欺？欺天乎？且予与其死于臣之手也，无宁死于二三子之手乎！且予纵不得大葬，予死于道路乎？

【9.13】子贡曰：有美玉于斯，韫椟而藏诸？求善贾而沽诸？子曰：沽之哉！沽之哉！我待贾者也！

【9.14】子欲居九夷。或曰：陋，如之何？子曰：君子居之，何陋之有！

【9.15】子曰：吾自卫反鲁，然后乐正，雅颂各得其所。

【9.16】子曰：出则事公卿，入则事父兄，丧事不敢不勉，不为酒困，何有于我哉！

【9.17】子在川上曰：逝者如斯夫！不舍昼夜。

【9.18】子曰：吾未见好德如好色者也。

【9.19】子曰：譬如为山，未成一篑，止，吾止也；譬如平地，虽覆一篑，进，吾往也。

【9.20】子曰：语之而不惰者，其回也与？

【9.21】子谓颜渊曰：惜乎！吾见其进也，吾未见其止也！

【9.22】子曰：苗而不秀者，有矣夫！秀而不实者，有矣夫！

【9.23】子曰：后生可畏，焉知来者之不如今也？四十五十而无闻焉，斯亦不足畏也已！

【9.24】子曰：法语之言，能无从乎？改之为贵；巽与之言，能无说乎？绎之为贵。说而不绎，从而不改，吾末如之何也已矣！

【9.25】子曰：主忠信，毋友不如己者，过则勿惮改。

【9.26】子曰：三军可夺帅也，匹夫不可夺志也。

【9.27】子曰：衣敝缊袍，与衣狐貉者立，而不耻者，其由也与！

【9.28】不忮不求，何用不臧？子路终身诵之。子曰：是道也，何足以臧！

【9.29】子曰：岁寒，然后知松柏之后凋也。

【9.30】子曰：知者不惑，仁者不忧，勇者不惧。

【9.31】子曰：可与共学，未可与适道；可与适道，未可与立；可与立，未可与权。

【9.32】唐棣之华，偏其反而；岂不尔思？室是远而。子曰：未之思也，夫何远之有？

第十篇：乡党
（计二十八章）

【10.1】孔子于乡党，恂恂如也，似不能言者。其在宗庙朝廷，便便言，唯谨尔。朝，与下大夫言，侃侃如也；与上大夫言，訚訚如也。君在，踧踖如也，与与如也。

【10.2】君召使摈，色勃如也，足躩如也。揖所与立，左右手，衣前后，檐如也。趋进，翼如也。宾退，必复命曰，宾不顾矣。

【10.3】入公门，鞠躬如也，如不容。立不中门，行不履阈。过位，色勃如也，足躩如也，其言似不足者。摄齐升堂，鞠躬如也，屏气似不息者。出，降一等，逞颜色，怡怡如也。没阶趋进，翼如也。复其位，踧踖如也。

【10.4】执圭，鞠躬如也，如不胜。上如揖，下如授，勃如战色，足蹜蹜如有循。享礼，有容色；私觌，愉愉如也。

【10.5】君子不以绀緅饰，红紫不以为亵服。当暑，袗絺绤，必表而出之。缁衣羔裘，素衣麑裘，黄衣狐裘。亵裘长，短右袂。必有寝衣，长一身有半。狐貉之厚以居。去丧，无所不佩。非帷裳，必杀之。羔裘玄冠，不以吊。吉月，必朝服而朝。

【10.6】斋，必有明衣，布。斋必变食，居必迁坐。

【10.7】食不厌精，脍不厌细。食饐而餲，鱼馁而肉败，不食。色恶不食。臭恶不食。失饪不食。不时不食。割不正不食。不得其酱不食。肉虽多，不使胜食气。唯酒无量，不及乱。沽酒市脯不食。不撤姜食，不多食。

【10.8】祭于公，不宿肉。祭肉不出三日，出三日，不食之矣。

【10.9】食不语，寝不言。

【10.10】虽疏食菜羹，必祭，必齐如也。

【10.11】席不正不坐。

【10.12】乡人饮酒，杖者出，斯出矣。

【10.13】乡人傩，朝服而立于阼阶。

【10.14】问人于他邦，再拜而送之。

【10.15】康子馈药，拜而受之。曰：丘未达，不敢尝。

【10.16】厩焚，子退朝，曰：伤人乎？不问马。

【10.17】君赐食，必正席先尝之。君赐腥，必熟而荐之。君赐生，必畜之。侍食于君，君祭，先饭。

【10.18】疾，君视之，东首，加朝服，拖绅。

【10.19】君命召，不俟驾行矣。

【10.20】入太庙，每事问。

【10.21】朋友死，无所归，曰：于我殡。

【10.22】朋友之馈，虽车马，非祭肉，不拜。

【10.23】寝不尸，居不容。

【10.24】见齐衰者，虽狎必变。见冕者与瞽者，虽亵，必以貌。

【10.25】凶服者式之，式负版者。

【10.26】有盛馔，必变色而作。迅雷、风烈必变。

【10.27】升车，必正立，执绥。车中不内顾，不疾言，不亲指。

【10.28】色斯举矣，翔而后集。曰：山梁雌雉，时哉时哉！子路共之，三嗅而作。

第十一篇：先进
（计二十六章）

【11.1】子曰：先进于礼乐，野人也；后进于礼乐，君子也。如用之，则吾从先进。

【11.2】子曰：从我于陈蔡者，皆不及门也。

【11.3】德行：颜渊、闵子骞、冉伯牛、仲弓；言语：宰我、子贡；政事：冉有、季路；文学：子游、子夏。

【11.4】子曰：回也非助我者也！于吾言无所不说。

【11.5】子曰：孝哉闵子骞！人不间于其父母昆弟之言。

【11.6】南容三复白圭，孔子以其兄之子妻之。

【11.7】季康子问：弟子孰为好学？孔子对曰：有颜回者好学，不幸短命死矣！今也则亡。

【11.8】颜渊死，颜路请子之车以为之椁。子曰：才不才，亦各言其子也。鲤也死，有棺而无椁，吾不徒行以为之椁，以吾从大夫之后，不可徒行也。

【11.9】颜渊死，子曰：噫！天丧予！天丧予！

【11.10】颜渊死，子哭之恸。从者曰：子恸矣！曰：有恸乎？非夫人之为恸而谁为？

【11.11】颜渊死，门人欲厚葬之，子曰：不可。门人厚葬之。子曰：回也视予犹父也，予不得视犹子也。非我也，夫二三子也。

【11.12】季路问事鬼神。子曰：未能事人，焉能事鬼？敢问死？曰：未知生，焉知死？

【11.13】闵子侍侧，訚訚如也；子路，行行如也；冉有、子贡，侃侃如也。子乐。若由也，不得其死然。

【11.14】鲁人为长府。闵子骞曰：仍旧贯，如之何？何必改作？子曰：夫人不言，言必有中。

【11.15】子曰：由之瑟，奚为于丘之门？门人不敬子路。子曰：由也升堂矣！未入于室也！

【11.16】子贡问：师与商也孰贤？子曰：师也过，商也不及。曰：然则师愈与？子曰：过犹不及。

【11.17】季氏富于周公，而求也为之聚敛，而附益之。子曰：非吾徒也，小子鸣鼓而攻之可也！

【11.18】柴也愚，参也鲁，师也辟，由也喭。

【11.19】子曰：回也其庶乎，屡空；赐不受命，而货殖焉，亿则屡中。

【11.20】子张问善人之道。子曰：不践迹，亦不入于室。

【11.21】子曰：论笃是与，君子者乎？色庄者乎？

【11.22】子路问：闻斯行诸？子曰：有父兄在，如之何其闻斯行之？冉有问：闻斯行诸，子曰：闻斯行之！公西华：由也问闻斯行诸，子曰有父兄在；求也问闻斯行诸，子曰闻斯行之；赤也惑，敢问。子曰：求也退，故进之；由也兼人，故退之。

【11.23】子畏于匡，颜渊后。子曰：吾以女为死矣！曰：子在，回何敢死！

【11.24】季子然问：仲由、冉求可谓大臣与？子曰：吾以子为异之问，曾由与求之问。所谓大臣者，以道事君，不可则止；今由与求也，可谓具臣矣。曰：然则从之者与？子曰：弑父与君，亦不从也。

【11.25】子路使子羔为费宰。子曰：贼夫人之子！子路曰：有民人焉，有社稷焉，何必读书，然后为学？子曰：是故恶夫佞者。

【11.26】子路、曾皙、冉有、公西华侍坐。子曰：以吾一日长乎尔，毋吾以也。居则曰，不吾知也！如或知尔，则何以哉？子路率尔而对曰：千乘之国，摄乎大国之间，加之以师旅，因之以饥馑，由也为之，比及三年，可使有勇，且知方也。夫子哂之。求，尔何如？对曰：方六七十，如五六十，求也为之，比及三年，可使足民；如其礼乐，以俟君子。赤，尔何如？对曰：非曰能之，愿学焉！宗庙之事，如会同，端章甫，愿为小相焉。点，尔何如？鼓瑟希，铿尔，舍瑟而作。对曰：异乎三子者之撰。子曰：何伤乎？亦各言其志也。曰：莫春者，春服既成；冠者五六人，童子六七人，浴乎沂，风乎舞雩，咏而归。夫子喟然叹曰：吾与点也！三子者出，曾皙后。曾皙曰：夫三子者之言何如？子曰：亦各言其志也已矣！曰：夫子何哂由也？曰：为国以礼，其言不让，是故哂之。唯求则非邦也与？安见方六七十，如五六十，而非邦也者。唯赤则非邦也与？宗庙会同，非诸侯而何？赤也为之小，孰能为之大？

第十二篇：颜渊
（计二十四章）

【12.1】颜渊问仁。子曰：克己复礼为仁。一日克己复礼，天下归仁焉。为仁由己，而由人乎哉？颜渊曰：请问其目？子曰：非礼勿视，非礼勿听，非礼勿言，非礼勿动。颜渊曰：回虽不敏，请事斯语矣！

【12.2】仲弓问仁。子曰：出门如见大宾，使民如承大祭；己所不欲，勿施于人；在邦无怨，在家无怨。仲弓曰：雍虽不敏，请事斯语矣！

【12.3】司马牛问仁。子曰：仁者，其言也讱。曰：其言也讱，斯谓之仁矣乎？子曰：为之难，言之得无讱乎？

【12.4】司马牛问君子。子曰：君子不忧不惧。曰：不忧不惧，斯谓之君子矣乎？子曰：内省不疚，夫何忧何惧？

【12.5】司马牛忧曰：人皆有兄弟，我独无！子夏曰：商闻之矣，死生有命，富贵在天。君子敬而无失，与人恭而有礼，四海之内皆兄弟也，君子何患乎无兄弟也？

【12.6】子张问明。子曰：浸润之谮，肤受之诉，不行焉，可谓明也已矣。浸润之谮，肤受之诉，不行焉，可谓远也已矣。

【12.7】子贡问政。子曰：足食，足兵，民信之矣。子贡曰：必不得已而去，于斯三者何先？曰：去兵。子贡曰：必不得已而去，于斯二者何先？曰：去食。自古皆有死，民无信不立。

【12.8】棘子成曰：君子质而已矣，何以文为？子贡曰：惜乎，夫子之说君子也，驷不及舌！文犹质也，质犹文也，虎豹之鞟，犹犬羊之鞟。

【12.9】哀公问于有若曰：年饥，用不足，如之何？有若对曰：盍彻乎！曰：二，吾犹不足；如之何其彻也？对曰：百姓足，君孰与不足？百姓不足，君孰与足？

【12.10】子张问崇德辨惑。子曰：主忠信，徙义，崇德也。爱之欲其生，恶之欲其死；既欲其生又欲其死，是惑也！诚不以富，亦只以异。

【12.11】齐景公问政于孔子。孔子对曰：君君，臣臣，父父，子子。公曰：善哉！信如君不君，臣不臣，父不父，子不子，虽有粟，吾得而食诸？

【12.12】子曰：片言可以折狱者，其由也与！子路无宿诺。

【12.13】子曰：听讼，吾犹人也。必也，使无讼乎！

【12.14】子张问政。子曰：居之无倦，行之以忠。

【12.15】子曰：博学于文，约之以礼，亦可以弗畔矣夫。

【12.16】子曰：君子成人之美，不成人之恶；小人反是。

【12.17】季康子问政于孔子，孔子对曰：政者，正也；子帅以正，孰敢不正？

【12.18】季康子患盗，问于孔子。孔子对曰：苟子之不欲，虽赏之不窃。

【12.19】季康子问政于孔子曰：如杀无道，以就有道，何如？孔子对曰：子为政，焉用杀？子欲善，而民善矣！君子之德风，小人之德草，草上之风必偃。

【12.20】子张问：士何如斯可谓之达矣？子曰：何哉？尔所谓达者！子张对曰：在邦必闻，在家必闻。子曰：是闻也，非达也。夫达也者，质直而好义，察言而观色，虑以下人；在邦必达，在家必达。夫闻也者，色取仁而行违，居之不疑；在邦必闻，在家必闻。

【12.21】樊迟从游于舞雩之下，曰：敢问崇德、修慝、辨惑？子曰：善哉问！先事后得，非崇德与？攻其恶，无攻人之恶，非修慝与？一朝之忿，忘其身以及其亲，非惑与？

【12.22】樊迟问仁。子曰：爱人。问知。子曰：知人。樊迟未达。子曰：举直错诸枉，能使枉者直。樊迟退，见子夏曰：乡也，吾见于夫子而问知，子曰，举直错诸枉，能使枉者直。何谓也？子夏曰：富哉言乎！舜有天下，选于众，举皋陶，不仁者远矣；汤有天下，选于众，举伊尹，不仁者远矣。

【12.23】子贡问友。子曰：忠告而善道之，不可则止，毋自辱焉。

【12.24】曾子曰：君子以文会友，以友辅仁。

第十三篇：子路
（计三十章）

【13.1】子路问政。子曰：先之，劳之。请益。曰：无倦。

【13.2】仲弓为季氏宰，问政。子曰：先有司，赦小过，举贤才。曰：焉知贤才而

举之？曰：举尔所知；尔所不知，人其舍诸？

【13.3】子路曰：卫君待子而为政，子将奚先？子曰：必也正名乎！子路曰：有是哉？子之迂也！奚其正？子曰：野哉，由也！君子于其所不知，盖阙如也。名不正，则言不顺；言不顺，则事不成；事不成，则礼乐不兴；礼乐不兴，则刑罚不中；刑罚不中，则民无所措手足。故君子名之必可言也，言之必可行也。君子于其言，无所苟而已矣！

【13.4】樊迟请学稼。子曰：吾不如老农。请学为圃。曰：吾不如老圃。樊迟出。子曰：小人哉，樊须也！上好礼，则民莫敢不敬；上好义，则民莫敢不服；上好信，则民莫敢不用情。夫如是，则四方之民，襁负其子而至矣，焉用稼？

【13.5】子曰：诵诗三百；授之以政，不达；使于四方，不能专对；虽多，亦奚以为？

【13.6】子曰：其身正，不令而行；其身不正，虽令不从。

【13.7】子曰：鲁、卫之政，兄弟也。

【13.8】子谓卫公子荆：善居屋。始有，曰：苟合矣。少有，曰：苟完矣。富有，曰：苟美矣。

【13.9】子适卫，冉有仆。子曰：庶矣哉！冉有曰：既庶矣，又何加焉？曰：富之。曰：既富矣，又何加焉？曰：教之。

【13.10】子曰：苟有用我者，期月而已可也，三年有成。

【13.11】子曰：善人为邦百年，亦可以胜残去杀矣。诚哉是言也！

【13.12】子曰：如有王者，必世而后仁。

【13.13】子曰：苟正其身矣，于从政乎何有？不能正其身，如正人何？

【13.14】冉子退朝，子曰：何晏也？对曰：有政。子曰：其事也！如有政，虽不吾以，吾其与闻之！

【13.15】定公问：一言而可以兴邦，有诸？孔子对曰：言不可以若是，其几也！人之言曰，为君难，为臣不易。如知为君之难也，不几乎一言而兴邦乎？曰：一言而丧邦，有诸？孔子对曰：言不可以若是，其几也！人之言曰，予无乐乎为君，唯其言而莫予违也。如其善而莫之违也，不亦善乎？如不善而莫之违也，不几乎一言而丧邦乎？

【13.16】叶公问政。子曰：近者说，远者来。

【13.17】子夏为莒父宰，问政。子曰：无欲速，无见小利。欲速则不达，见小利则大事不成。

【13.18】叶公语孔子曰：吾党有直躬者，其父攘羊而子证之。孔子曰：吾党之直

者异于是，父为子隐，子为父隐，直在其中矣。

【13.19】樊迟问仁。子曰：居处恭，执事敬，与人忠；虽之夷狄，不可弃也。

【13.20】子贡问曰：何如斯可谓之士矣？子曰：行己有耻，使于四方不辱君命，可谓士矣。曰：敢问其次？曰：宗族称孝焉，乡党称弟焉。曰：敢问其次？曰：言必信，行必果，硁硁然小人哉！抑亦可以为次矣。曰：今之从政者何如？子曰：噫！斗筲之人，何足算也！

【13.21】子曰：不得中行而与之，必也狂狷乎？狂者进取，狷者有所不为也。

【13.22】子曰：南人有言曰，人而无恒，不可以作巫医。善夫！不恒其德，或承之羞。子曰：不占而已矣。

【13.23】子曰：君子和而不同，小人同而不和。

【13.24】子贡问曰：乡人皆好之，何如？子曰：未可也。乡人皆恶之，何如？子曰：未可也。不如乡人之善者好之，其不善者恶之。

【13.25】子曰：君子易事而难说也。说之不以道，不说也；及其使人也，器之。小人难事而易说也。说之虽不以道，说也；及其使人也，求备焉。

【13.26】子曰：君子泰而不骄，小人骄而不泰。

【13.27】子曰：刚、毅、木、讷，近仁。

【13.28】子路问曰：何如斯可谓之士矣？子曰：切切偲偲，怡怡如也，可谓士矣。朋友切切偲偲，兄弟怡怡。

【13.29】子曰：善人教民七年，亦可以即戎矣。

【13.30】子曰：以不教民战，是谓弃之。

第十四篇：宪问
（计四十五章）

【14.1】宪问耻。子曰：邦有道，穀；邦无道，穀，耻也。克、伐、怨、欲，不行焉，可以为仁矣？子曰：可以为难矣，仁则吾不知也。

【14.2】子曰：士而怀居，不足以为士矣！

【14.3】子曰：邦有道，危言危行；邦无道，危行言孙。

【14.4】子曰：有德者必有言，有言者不必有德。仁者必有勇，勇者不必有仁。

【14.5】南宫适问于孔子曰：羿善射，奡荡舟，俱不得其死然；禹稷躬稼而有天下。夫子不答。南宫适出，子曰：君子哉若人！尚德哉若人！

【14.6】子曰：君子而不仁者有矣夫？未有小人而仁者也！

【14.7】子曰：爱之，能勿劳乎？忠焉，能勿诲乎？

【14.8】子曰：为命，裨谌草创之，世叔讨论之，行人子羽修饰之，东里子产润色之。

【14.9】或问子产。子曰：惠人也。问子西。曰：彼哉彼哉！问管仲。曰：人也，夺伯氏骈邑三百，饭疏食，没齿无怨言。

【14.10】子曰：贫而无怨，难；富而无骄，易。

【14.11】子曰：孟公绰为赵魏老则优，不可以为滕薛大夫。

【14.12】子路问成人。子曰：若臧武仲之知，公绰之不欲，卞庄子之勇，冉求之艺，文之以礼乐，亦可以为成人矣！曰：今之成人者何必然？见利思义，见危授命，久要不忘平生之言，亦可以为成人矣！

【14.13】子问公叔文子于公明贾，曰：信乎？夫子不言不笑不取乎？公明贾对曰：以告者过也！夫子时然后言，人不厌其言；乐然后笑，人不厌其笑；义然后取，人不厌其取。子曰：其然！岂其然乎？

【14.14】子曰：臧武仲以防求为后于鲁，虽曰不要君，吾不信也。

【14.15】子曰：晋文公谲而不正，齐桓公正而不谲。

【14.16】子路曰：桓公杀公子纠，召忽死之，管仲不死。曰：未仁乎？子曰：桓公九合诸侯，不以兵车，管仲之力也。如其仁！如其仁！

【14.17】子贡曰：管仲非仁者与？桓公杀公子纠，不能死，又相之。子曰：管仲相桓公，霸诸侯，一匡天下，民到于今受其赐。微管仲，吾其被发左衽矣！岂若匹夫匹妇之为谅也，自经于沟渎，而莫之知也！

【14.18】公叔文子之臣大夫僎，与文子同升诸公。子闻之曰：可以为文矣！

【14.19】子言卫灵公之无道也，康子曰：夫如是，奚而不丧？孔子曰：仲叔圉治宾客，祝鮀治宗庙，王孙贾治军旅；夫如是，奚其丧？

【14.20】子曰：其言之不怍，则为之也难！

【14.21】陈成子弑简公。孔子沐浴而朝，告于哀公曰：陈恒弑其君，请讨之。公曰：告夫三子。孔子曰：以吾从大夫之后，不敢不告也！君曰：告夫三子者！之三子告，不可。孔子曰：以吾从大夫之后，不敢不告也！

【14.22】子路问事君。子曰：勿欺也，而犯之。

【14.23】子曰：君子上达，小人下达。

【14.24】子曰：古之学者为己，今之学者为人。

【14.25】蘧伯玉使人于孔子。孔子与之坐，而问焉，曰：夫子何为？对曰：夫子欲寡其过而未能也。使者出。子曰：使乎！使乎！

【14.26】子曰：不在其位，不谋其政。

【14.27】曾子曰：君子思不出其位。

【14.28】子曰：君子耻其言而过其行。

【14.29】子曰：君子道者三，我无能焉：仁者不忧，知者不惑，勇者不惧。子贡曰：夫子自道也！

【14.30】子贡方人。子曰：赐也贤乎哉？夫我则不暇！

【14.31】子曰：不患人之不己知，患其不能也。

【14.32】子曰：不逆诈，不亿不信。抑亦先觉者，是贤乎！

【14.33】微生亩谓孔子曰：丘，何为是栖栖者与？无乃为佞乎？孔子曰：非敢为佞也，疾固也。

【14.34】子曰：骥不称其力，称其德也。

【14.35】或曰：以德报怨，何如？子曰：何以报德？以直报怨，以德报德。

【14.36】子曰：莫我知也夫！子贡曰：何为其莫知子也？子曰：不怨天，不尤人，下学而上达；知我者，其天乎！

【14.37】公伯寮诉子路于季孙，子服景伯以告，曰：夫子固有惑志于公伯寮，吾力犹能肆诸市朝。子曰：道之将行也与，命也；道之将废也与，命也。公伯寮其如命何！

【14.38】子曰：贤者辟世，其次辟地，其次辟色，其次辟言。子曰：作者七人矣！

【14.39】子路宿于石门。晨门曰：奚自？子路曰：自孔氏。曰：是知其不可而为之者与？

【14.40】子击磬于卫。有荷蒉而过孔氏之门者，曰：有心哉，击磬乎！既而曰：鄙哉，硁硁乎！莫己知也，斯己而已矣！深则厉，浅则揭。子曰：果哉！末之难矣！

【14.41】子张曰：书云，高宗谅阴，三年不言，何谓也？子曰：何必高宗？古之人皆然。君薨，百官总己以听于冢宰三年。

【14.42】子曰：上好礼，则民易使也。

【14.43】子路问君子。子曰：修己以敬。曰：如斯而已乎？曰：修己以安人。曰：如斯而已乎？曰：修己以安百姓。修己以安百姓，尧舜其犹病诸。

【14.44】原壤夷俟。子曰：幼而不孙弟，长而无述焉，老而不死，是为贼。以杖叩其胫。

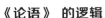

【14.45】阙党童子将命。或问之曰：益者与？子曰：吾见其居于位也，见其与先生并行也；非求益者也，欲速成者也。

第十五篇：卫灵公
（计四十二章）

【15.1】卫灵公问陈于孔子。孔子对曰：俎豆之事，则尝闻之矣；军旅之事，未之学也。明日遂行。

【15.2】在陈绝粮。从者病，莫能兴。子路愠见，曰：君子亦有穷乎？子曰：君子固穷，小人穷斯滥矣。

【15.3】子曰：赐也，女以予为多学而识之者与？对曰：然，非与？曰：非也！予一以贯之。

【15.4】子曰：由，知德者鲜矣！

【15.5】子曰：无为而治者，其舜也与！夫何为哉？恭己正南面而已矣。

【15.6】子张问行。子曰：言忠信，行笃敬，虽蛮貊之邦行矣；言不忠信，行不笃敬，虽州里行乎哉？立，则见其参于前也；在舆，则见其倚于衡也；夫然后行！子张书诸绅。

【15.7】子曰：直哉史鱼！邦有道，如矢；邦无道，如矢。君子哉蘧伯玉！邦有道，则仕；邦无道，则可卷而怀之。

【15.8】子曰：可与言而不与之言，失人；不可与言而与之言，失言。知者不失人，亦不失言。

【15.9】子曰：志士仁人，无求生以害仁，有杀身以成仁。

【15.10】子贡问为仁。子曰：工欲善其事，必先利其器。居是邦也，事其大夫之贤者，友其士之仁者。

【15.11】颜渊问为邦。子曰：行夏之时，乘殷之辂，服周之冕，乐则韶舞。放郑声，远佞人。郑声淫，佞人殆。

【15.12】子曰：人无远虑，必有近忧。

【15.13】子曰：已矣乎！吾未见好德如好色者也！

【15.14】子曰：臧文仲，其窃位者与？知柳下惠之贤，而不与立也。

【15.15】子曰：躬自厚，而薄责于人，则远怨矣！

【15.16】子曰：不曰如之何，如之何者，吾末如之何也已矣。

【15.17】子曰：群居终日，言不及义，好行小慧，难矣哉！

【15.18】子曰：君子义以为质，礼以行之，孙以出之，信以成之。君子哉！

【15.19】子曰：君子病无能焉，不病人之不己知也。

【15.20】子曰：君子疾没世而名不称焉。

【15.21】子曰：君子求诸己，小人求诸人。

【15.22】子曰：君子矜而不争，群而不党。

【15.23】子曰：君子不以言举人，不以人废言。

【15.24】子贡问曰：有一言而可以终身行之者乎？子曰：其恕乎！己所不欲，勿施于人。

【15.25】子曰：吾之于人也，谁毁谁誉？如有所誉者，其有所试矣。斯民也，三代之所以直道而行也。

【15.26】子曰：吾犹及史之阙文也，有马者，借人乘之，今亡矣夫！

【15.27】子曰：巧言乱德。小不忍，则乱大谋。

【15.28】子曰：众恶之，必察焉；众好之，必察焉。

【15.29】子曰：人能弘道，非道弘人。

【15.30】子曰：过而不改，是谓过矣！

【15.31】子曰：吾尝终日不食，终夜不寝，以思；无益，不如学也。

【15.32】子曰：君子谋道不谋食。耕也，馁在其中矣；学也，禄在其中矣。君子忧道不忧贫。

【15.33】子曰：知及之，仁不能守之，虽得之，必失之。知及之，仁能守之，不庄以莅之，则民不敬。知及之，仁能守之，庄以莅之，动之不以礼，未善也。

【15.34】子曰：君子不可小知，而可大受也；小人不可大受，而可小知也。

【15.35】子曰：民之于仁也，甚于水火。水火，吾见蹈而死者矣，未见蹈仁而死者也。

【15.36】子曰：当仁，不让于师。

【15.37】子曰：君子贞而不谅。

【15.38】子曰：事君，敬其事而后其食。

【15.39】子曰：有教无类。

【15.40】子曰：道不同，不相为谋。

【15.41】子曰：辞，达而已矣！

《论语》 的逻辑

【15.42】师冕见。及阶，子曰：阶也！及席，子曰：席也！皆坐，子告之曰：某在斯！某在斯！师冕出，子张问曰：与师言之，道与？子曰：然，固相师之道也。

第十六篇：季氏
（计十四章）

【16.1】季氏将伐颛臾。冉有、季路见于孔子曰：季氏将有事于颛臾。孔子曰：求，无乃尔是过与？夫颛臾，昔者先王以为东蒙主，且在邦域之中矣，是社稷之臣也，何以伐为？冉有曰：夫子欲之。吾二臣者，皆不欲也。孔子曰：求！周任有言曰，陈力就列，不能者止。危而不持，颠而不扶，则将焉用彼相矣？且尔言过矣！虎兕出于柙，龟玉毁于椟中，是谁之过与？冉有曰：今夫颛臾，固而近于费。今不取，后世必为子孙忧。孔子曰：求！君子疾夫舍曰欲之而必为之辞。丘也闻有国有家者，不患寡而患不均，不患贫而患不安。盖均无贫，和无寡，安无倾。夫如是，故远人不服，则修文德以来之。既来之，则安之。今由与求也，相夫子，远人不服而不能来也，邦分崩离析而不能守也，而谋动干戈于邦内，吾恐季孙之忧，不在颛臾，而在萧墙之内也！

【16.2】孔子曰：天下有道，则礼乐征伐自天子出；天下无道，则礼乐征伐自诸侯出。自诸侯出，盖十世希不失矣；自大夫出，五世希不失矣；陪臣执国命，三世希不失矣。天下有道，则政不在大夫；天下有道，则庶人不议。

【16.3】孔子曰：禄之去公室，五世矣；政逮于大夫，四世矣；故夫三桓之子孙微矣。

【16.4】孔子曰：益者三友，损者三友。友直，友谅，友多闻，益矣；友便辟，友善柔，友便佞，损矣。

【16.5】孔子曰：益者三乐，损者三乐。乐节礼乐，乐道人之善，乐多贤友，益矣；乐骄乐，乐佚游，乐宴乐，损矣。

【16.6】孔子曰：侍于君子有三愆。言未及之而言，谓之躁；言及之而不言，谓之隐；未见颜色而言，谓之瞽。

【16.7】孔子曰：君子有三戒。少之时，血气未定，戒之在色；及其壮也，血气方

刚，戒之在斗；及其老也，血气既衰，戒之在得。

【16.8】孔子曰：君子有三畏。畏天命，畏大人，畏圣人之言。小人不知天命而不畏也，狎大人，侮圣人之言。

【16.9】孔子曰：生而知之者，上也；学而知之者，次也；困而学之，又其次也。困而不学，民斯为下矣！

【16.10】孔子曰：君子有九思，视思明，听思聪，色思温，貌思恭，言思忠，事思敬，疑思问，忿思难，见得思义。

【16.11】孔子曰：见善如不及，见不善如探汤；吾见其人矣，吾闻其语矣！隐居以求其志，行义以达其道；吾闻其语矣，未见其人也！

【16.12】齐景公有马千驷，死之日，民无德而称焉；伯夷、叔齐饿于首阳之下，民到于今称之。其斯之谓与？

【16.13】陈亢问于伯鱼曰：子亦有异闻乎？对曰：未也。尝独立，鲤趋而过庭，曰学诗乎？对曰未也。不学诗，无以言！鲤退而学诗。他日，又独立，鲤趋而过庭，曰学礼乎？对曰未也。不学礼，无以立！鲤退而学礼。闻斯二者。陈亢退而喜，曰：问一得三。闻诗，闻礼，又闻君子远其子也。

【16.14】邦君之妻，君称之曰夫人；夫人自称曰小童；邦人称之曰君夫人；称诸异邦曰寡小君；异邦人称之，亦曰君夫人。

第十七篇：阳货
（计二十六章）

【17.1】阳货欲见孔子，孔子不见，归孔子豚。孔子时其亡也，而往拜之，遇诸涂。谓孔子曰：来！予与尔言。曰：怀其宝而迷其邦，可谓仁乎？曰：不可。好从事而亟失时，可谓知乎？曰：不可。日月逝矣！岁不我与！孔子曰：诺，吾将仕矣！

【17.2】子曰：性相近也，习相远也。

【17.3】子曰：唯上知与下愚不移。

【17.4】子之武城，闻弦歌之声，夫子莞尔而笑曰：割鸡焉用牛刀？子游对曰：昔者，偃也闻诸夫子曰，君子学道则爱人，小人学道则易使也。子曰：二三子！偃之言

是也, 前言戏之耳!

【17.5】公山弗扰以费畔, 召, 子欲往。子路不说, 曰: 末之也已, 何必公山氏之之也? 子曰: 夫召我者, 而岂徒哉? 如有用我者, 吾其为东周乎!

【17.6】子张问仁于孔子。孔子曰: 能行五者于天下, 为仁矣。请问之? 曰: 恭、宽、信、敏、惠。恭则不侮, 宽则得众, 信则人任焉, 敏则有功, 惠则足以使人。

【17.7】佛肸召, 子欲往。子路曰: 昔者由也闻诸夫子曰, 亲于其身为不善者, 君子不入也。佛肸以中牟畔, 子之往也, 如之何? 子曰: 然, 有是言也。不曰坚乎? 磨而不磷; 不曰白乎? 涅而不缁。吾岂匏瓜也哉? 焉能系而不食?

【17.8】子曰: 由也, 女闻六言六蔽矣乎? 对曰: 未也。居! 吾语女。好仁不好学, 其蔽也愚; 好知不好学, 其蔽也荡; 好信不好学, 其蔽也贼; 好直不好学, 其蔽也绞; 好勇不好学, 其蔽也乱; 好刚不好学, 其蔽也狂。

【17.9】子曰: 小子! 何莫学夫诗? 诗, 可以兴, 可以观, 可以群, 可以怨; 迩之事父, 远之事君; 多识于鸟、兽、草、木之名。

【17.10】子谓伯鱼曰: 女为周南召南矣乎? 人而不为周南召南, 其犹正墙面而立也与!

【17.11】子曰: 礼云礼云! 玉帛云乎哉! 乐云乐云! 钟鼓云乎哉!

【17.12】子曰: 色厉而内荏, 譬诸小人, 其犹穿窬之盗也与!

【17.13】子曰: 乡原, 德之贼也!

【17.14】子曰: 道听而涂说, 德之弃也!

【17.15】子曰: 鄙夫可与事君也与哉! 其未得之也, 患得之; 既得之, 患失之; 苟患失之, 无所不至矣!

【17.16】子曰: 古者民有三疾, 今也或是之亡也。古之狂也肆, 今之狂也荡; 古之矜也廉, 今之矜也忿戾; 古之愚也直, 今之愚也诈而已矣。

【17.17】子曰: 巧言令色, 鲜矣仁。

【17.18】子曰: 恶紫之夺朱也, 恶郑声之乱雅乐也, 恶利口之覆邦家者。

【17.19】子曰: 予欲无言! 子贡曰: 子如不言, 则小子何述焉? 子曰: 天何言哉? 四时行焉, 百物生焉, 天何言哉?

【17.20】孺悲欲见孔子, 孔子辞以疾。将命者出户, 取瑟而歌, 使之闻之。

【17.21】宰我问: 三年之丧, 期已久矣! 君子三年不为礼, 礼必坏; 三年不为乐, 乐必崩。旧谷既没, 新谷既升, 钻燧改火, 期可已矣。子曰: 食夫稻, 衣夫锦, 于女安乎? 曰: 安! 女安, 则为之! 夫君子之居丧, 食旨不甘, 闻乐不乐, 居处不安, 故不为也。今女安, 则为之! 宰我出。子曰: 予之不仁也! 子生三年, 然后免于父母之怀。夫三年之丧, 天下之通丧也, 予也有三年之爱于其父母乎?

【17.22】子曰：饱食终日，无所用心，难矣哉！不有博弈者乎？为之犹贤乎已！

【17.23】子路曰：君子尚勇乎？子曰：君子义以为上。君子有勇而无义为乱，小人有勇而无义为盗。

【17.24】子贡曰：君子亦有恶乎？子曰：有恶。恶称人之恶者，恶居下流而讪上者，恶勇而无礼者，恶果敢而窒者。曰：赐也亦有恶乎？恶徼以为知者，恶不孙以为勇者，恶讦以为直者。

【17.25】子曰：唯女子与小人为难养也！近之则不孙，远之则怨。

【17.26】子曰：年四十而见恶焉，其终也已！

第十八篇：微子
（计十二章）

【18.1】微子去之，箕子为之奴，比干谏而死。孔子曰：殷有三仁焉！

【18.2】柳下惠为士师，三黜。人曰：子未可以去乎？曰：直道而事人，焉往而不三黜！枉道而事人，何必去父母之邦！

【18.3】齐景公待孔子，曰：若季氏则吾不能，以季、孟之间待之。曰：吾老矣，不能用也。孔子行。

【18.4】齐人归女乐，季桓子受之，三日不朝。孔子行。

【18.5】楚狂接舆，歌而过孔子，曰：凤兮，凤兮，何德之衰？往者不可谏，来者犹可追。已而，已而，今之从政者殆而！孔子下，欲与之言。趋而辟之，不得与之言。

【18.6】长沮、桀溺耦而耕。孔子过之，使子路问津焉。长沮曰：夫执舆者为谁？子路曰：为孔丘。曰：是鲁孔丘与？曰：是也。曰：是知津矣！问于桀溺，桀溺曰：子为谁？曰：为仲由。曰：是鲁孔丘之徒与？对曰：然。曰：滔滔者，天下皆是也，而谁以易之？且而与其从辟人之士也，岂若从辟世之士哉？耰而不辍。子路行以告，夫子怃然，曰：鸟兽不可与同群！吾非斯人之徒与而谁与？天下有道，丘不与易也。

【18.7】子路从而后，遇丈人，以杖荷蓧。子路问曰：子见夫子乎？丈人曰：四体不勤，五谷不分，孰为夫子！植其杖而芸。子路拱而立。止子路宿，杀鸡为黍而食之，见其二子焉。明日，子路行以告。子曰：隐者也。使子路反见之。至，则行矣。

【18.8】子路曰：不仕无义。长幼之节，不可废也；君臣之义，如之何其废之？欲洁其身，而乱大伦。君子之仕也，行其义也。道之不行，已知之矣！

【18.9】逸民：伯夷、叔齐、虞仲、夷逸、朱张、柳下惠、少连。子曰：不降其志，不辱其身，伯夷叔齐与？谓柳下惠、少连，降志辱身矣，言中伦，行中虑，其斯而已矣！谓虞仲、夷逸，隐居放言，身中清，废中权。我则异于是，无可无不可。

【18.10】大师挚适齐，亚饭干适楚，三饭缭适蔡，四饭缺适秦，鼓方叔入于河，播鼗武入于汉，少师阳、击磬襄入于海。

【18.11】周公谓鲁公曰：君子不施其亲，不使大臣怨乎不以，故旧无大故则不弃也，无求备于一人。

【18.12】周有八士：伯达、伯适、仲突、仲忽、叔夜、叔夏、季随、季骚。

第十九篇：子张
（计二十五章）

【19.1】子张曰：士，见危致命，见得思义，祭思敬，丧思哀，其可已矣。

【19.2】子张曰：执德不弘，信道不笃，焉能为有？焉能为亡？

【19.3】子夏之门人，问交于子张。子张曰：子夏云何？对曰：子夏曰，可者与之，其不可者拒之。子张曰：异乎吾所闻。君子尊贤而容众，嘉善而矜不能。我之大贤与，于人何所不容。我之不贤与，人将拒我，如之何其拒人也！

【19.4】子夏曰：虽小道，必有可观者焉；致远恐泥，是以君子不为也。

【19.5】子夏曰：日知其所亡，月无忘其所能，可谓好学也已矣！

【19.6】子夏曰：博学而笃志，切问而近思；仁在其中矣。

【19.7】子夏曰：百工居肆以成其事，君子学以致其道。

【19.8】子夏曰：小人之过也必文。

【19.9】子夏曰：君子有三变。望之俨然，即之也温，听其言也厉。

【19.10】子夏曰：君子信而后劳其民；未信，则以为厉己也。信而后谏；未信，则以为谤己也。

【19.11】子夏曰：大德不逾闲，小德出入可也。

【19.12】子游曰：子夏之门人小子，当洒扫，应对，进退，则可矣。抑末也，本之则无，如之何？子夏闻之，曰：噫！言游过矣！君子之道，孰先传焉？孰后倦焉？譬诸草木，区以别矣。君子之道，焉可诬也？有始有卒者，其惟圣人乎！

【19.13】子夏曰：仕而优则学，学而优则仕。

【19.14】子游曰：丧致乎哀而止。

【19.15】子游曰：吾友张也，为难能也，然而未仁。

【19.16】曾子曰：堂堂乎张也！难与并为仁矣。

【19.17】曾子曰：吾闻诸夫子，人未有自致者也。必也，亲丧乎！

【19.18】曾子曰：吾闻诸夫子，孟庄子之孝也，其他可能也，其不改父之臣与父之政，是难能也。

【19.19】孟氏使阳肤为士师，问于曾子。曾子曰：上失其道，民散久矣！如得其情，则哀矜而勿喜。

【19.20】子贡曰：纣之不善，不如是之甚也。是以君子恶居下流，天下之恶皆归焉。

【19.21】子贡曰：君子之过也，如日月之食焉。过也，人皆见之；更也，人皆仰之。

【19.22】卫公孙朝问于子贡曰：仲尼焉学？子贡曰：文武之道，未坠于地。在人，贤者识其大者，不贤者识其小者，莫不有文武之道焉。夫子焉不学，而亦何常师之有！

【19.23】叔孙武叔语大夫于朝曰：子贡贤于仲尼。子服景伯以告子贡。子贡曰：譬之宫墙，赐之墙也及肩，窥见室家之好；夫子之墙数仞，不得其门而入，不见宗庙之美，百官之富。得其门者或寡矣！夫子之云，不亦宜乎！

【19.24】叔孙武叔毁仲尼。子贡曰：无以为也！仲尼不可毁也。他人之贤者，丘陵也，犹可逾也；仲尼，日月也，无得而逾焉。人虽欲自绝，其何伤于日月乎？多见其不知量也！

【19.25】陈子禽谓子贡曰：子为恭也，仲尼岂贤于子乎？子贡曰：君子一言以为知，一言以为不知，言不可不慎也！夫子之不可及也，犹天之不可阶而升也。夫子之得邦家者，所谓立之斯立，道之斯行，绥之斯来，动之斯和。其生也荣，其死也哀，如之何其可及也？

第二十篇：尧曰
（计八章）

【20.1】尧曰：咨！尔舜！天之历数在尔躬，允执其中！四海困穷，天禄永终。舜亦以命禹。

【20.2】曰：予小子履，敢用玄牡，敢昭告于皇皇后帝，有罪不敢赦；帝臣不蔽，简在帝心；朕躬有罪，无以万方；万方有罪，罪在朕躬。

【20.3】周有大赉，善人是富；虽有周亲，不如仁人；百姓有过，在予一人。

【20.4】谨权量，审法度，修废官，四方之政行焉；兴灭国，继绝世，举逸民，天下之民归心焉。

【20.5】所重：民、食、丧、祭。

【20.6】宽则得众，信则民任焉，敏则有功，公则说。

【20.7】子张问于孔子曰：何如，斯可以从政矣？子曰：尊五美，屏四恶，斯可以从政矣。子张曰：何谓五美？子曰：君子惠而不费，劳而不怨，欲而不贪，泰而不骄，威而不猛。子张曰：何谓惠而不费？子曰：因民之所利而利之，斯不亦惠而不费乎？择可劳而劳之，又谁怨！欲仁而得仁，又焉贪！君子无众寡，无小大，无敢慢，斯不亦泰而不骄乎！君子正其衣冠，尊其瞻视，俨然人望而畏之，斯不亦威而不猛乎！子张曰：何谓四恶？子曰：不教而杀谓之虐；不戒视成谓之暴；慢令致期谓之贼；犹之与人也，出纳之吝，谓之有司。

【20.8】子曰：不知命，无以为君子也。不知礼，无以立也。不知言，无以知人也。

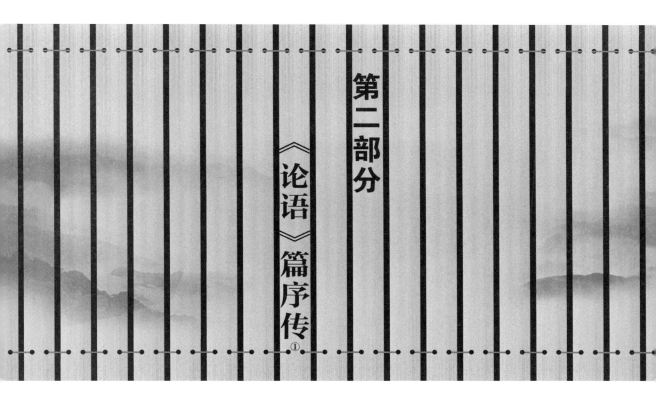

第二部分

《论语》篇序传①

一直以来，读诵和研究《论语》的人通常认为《论语》每一篇的篇名是随机截取的，各篇之间没有内在逻辑联系，每篇中的各章也是随意罗列的。这是严重的误解。编纂《论语》的人都是孔子学生中最出类拔萃者，他们要传承自己非常尊敬的老师的思想，不可能编纂一个杂乱无章的作品。相反，《论语》是他们精巧构思、逻辑严谨、高超运用文学技巧的完美文本。每一篇的篇名都是精心挑选的，能够形象地表达该篇的主题；各篇之间存在着严密的因果逻辑关系；每一篇的各章都是围绕主题而采撷编排的。

一、立论

《论语》二十篇之间存在着严密的因果逻辑联系；这种因果逻辑联系通过研究每一篇的主题可以发现；每一篇的主题由首章实际决定，由主干章回护证成，由篇名形象表达。由此可知，《论语》二十篇的篇名并非随机安立，不经意其实是经意的安排。故《论语》并非任意地随机地将孔子语录汇集在一起的，而是编纂者精心构造的产物。

《论语》二十篇之间有一种什么样的因果逻辑关系呢？在阅读下面内容前，请每位读者按照顺序熟记《论语》上部和下部各十篇的篇名，建立对篇名的熟悉感和亲近感。

《论语》上部十篇

学而第一	为政第二
八佾第三	里仁第四
公冶长第五	雍也第六
述而第七	泰伯第八
子罕第九	乡党第十

《论语》下部十篇

先进第十一	颜渊第十二
子路第十三	宪问第十四
卫灵公第十五	季氏第十六
阳货第十七	微子第十八
子张第十九	尧曰第二十

下面是揭示《论语》上、下部篇序内在逻辑的文字，以飨读者，并期待来哲共同

切磋。

《论语》上部十篇，始于《学而第一》，终于《乡党第十》。一个人立己或是立人，首先得学习，故首之以《学而第一》；学而优则仕，故继之以《为政第二》；为政当以礼乐教化民众移风易俗，故继之以《八佾第三》，"八佾"，礼也，乐也；礼乐兴则民立于仁，故继之以《里仁第四》，"里仁"，居于仁也；仁为所立志境，但得（德）有浅深，可见任重而道远。下得（德）者如公冶长，故继之以《公冶长第五》，中得（德）者如冉雍，故继之以《雍也第六》；上得（德）者如孔子，故继之以《述而第七》，"述而"，述孔子所言所行也；至得（德）者如泰伯，故继之以《泰伯第八》，泰伯，有至德而无得（德）可称者也。至此，立己立人事毕，人人皆可为尧舜；以孔子言行深广，门人所记甚多，故续之以《子罕第九》《乡党第十》，两篇皆述孔子言行，实《述而第七》之余绪也。

总上十篇，始，志于学道；终，止于至德。上部是从一个士的成长过程所呈现的规律，以及所要达到的最高境界来编排的，也是最完美的学道、行道、成道的正常路径。

下部十篇则采取了另一种逻辑顺序进行编排，避免行文的单调。孔子不为所用，群弟子知之甚深，实乃因"天下无道久矣"（《八佾》篇、《季氏》篇、《微子》篇），"失道而后德"，故继之以《先进第十一》，"先进"，先立于礼乐，进而求仁，进而求至德者也，"失德而后仁"，故继之以《颜渊第十二》，颜渊，以礼乐而立仁者也；"失仁而后义"，故继之以《子路第十三》，子路，以礼乐而立于义者也；"失义而后礼"，故继之以《宪问第十四》，"宪问"，问耻也，"恭近于礼，远耻辱也"（《学而》篇）。可知原宪，以礼乐而立于礼者也；失礼则邦君不像邦君，大夫不像大夫，家臣不像家臣，故继之以《卫灵公第十五》《季氏第十六》《阳货第十七》。卫灵公者，邦君也，季氏者，大夫也，阳货者，家臣也。邦君、大夫、家臣同一无道，则贤能之士自然不为所用，故继之以《微子第十八》。微子，纣王亲兄，去国归隐者也；当此之时，我们不禁要问，天下无道，谁与易之？必须有志士仁人承前而启后，继往而开来，故继之以《子张第十九》《尧曰第二十》。子张者，启后开来之士也；"尧曰"者，承前继往之典范也。

总此十篇，始于失道，终于复道。下部是从春秋时不奉行王道的现实出发，开出来建立"王道荡荡"大同世界的理想蓝图。

前后二十篇合观，学道——得道，失道——复道，个人得失之理、国家治乱之由，表露无遗矣。

二、释论

第一篇首章："子曰：学而时习之，不亦说乎？"当知此篇以"学习"为主题。篇中有子、曾子、子夏、子贡与孔子间错议论，一唱一和，一问一答。孔子为师，有子、曾子、子夏、子贡为徒，师、生相聚，非为学而为何？又，观其所议论者，惟在学孝、学悌、学忠、学信、学礼、学乐、学诗，合而观之，即是学文、学质，亦即是学君子之道、学为士之道。是以以"学而"名篇。

第二篇首章："子曰：为政以德，譬如北辰，居其所而众星共之。"当知此篇以"德政"为主题。篇中所举之人如孟懿子、孟武伯、子游、子夏、鲁哀公、季康子，皆是有政者。观孟懿子、孟武伯、子游、子夏所问，惟"孝"；观孔子答鲁哀公、季康子，惟"正己"。可见，所谓为政，不过正人先正己、为人先为孝而已。故知士学道有成则仕，仕则以德治国，以德导人。是以以"为政"名篇。

第三篇首章："孔子谓季氏，八佾舞于庭，是可忍也，孰不可忍也。"当知此篇以"礼乐"为主题。"八佾"者，天子所观之舞，礼也；舞必有乐，乐必有诗，故诗礼乐一体。全篇先论为礼，后论为乐。可见为政者固当导民以德，还当齐人以礼（乐）。是以以"八佾"名篇。

第四篇首章："子曰：里仁为美。择不处仁，焉得知？"当知此篇以"立仁"为主题。篇中所显，先是叫人择仁而居，次则叫人以仁自活。由此可知，仁不远人，只在己躬日常生活之中。若导之以德，齐之以礼，何处不是仁里，何人不能立于仁？是以以"里仁"名篇。

第五篇首章："子谓公冶长，可妻也，虽在缧绁之中，非其罪也，以其子妻之。子谓南容，邦有道，不废；邦无道，免于刑戮。以其兄之子妻之。"当知此篇以"下得（德）"为主题。公冶长虽有德可称，然毕竟未免"缧绁"之难，故不及冉雍、颜回辈。篇中所显，先为弟子如子贱、子贡、漆雕开、子路、宰予、申枨，继为大夫如孔文子、子产、晏平仲、臧文仲、令尹子文、陈文子、季文子、宁武子，后为逸民伯夷、叔齐、微生高、左丘明等，皆非孔子所许为者。下德之人，譬如人里于仁之边境。是以以"公冶长"名篇。

第六篇首章："子曰：雍也可使南面。"当知此篇以"中得（德）"为主题。冉雍，孔子所许有德行者。（《先进》篇中，孔子说，德行如颜渊、闵子骞、冉伯牛、仲弓。仲弓即是冉雍）；可使南面，可见德行之深之广。上不及孔子，下过于公冶长，故为"中得（德）"。篇中所举，先为冉雍、颜回、闵子骞、冉伯牛，四大德行弟子居然全部出现；其次为澹台灭明、孟之反，亦有德可称。中德之人，譬如人里于仁之城郭。是以"雍也"名篇。

第七篇首章:"子曰:述而不作,信而好古,窃比于我老彭。"第九篇首章:"子罕言利与命与仁。"第十篇首章:"孔子于乡党,恂恂如也,似不能言者。其在宗庙朝廷,便便言,唯谨尔。"当知此三篇皆以孔子为主题,或说以"上得(德)"为主题。之所以分为三篇,是因为孔子德行深广,弟子所记甚多故;之所以三篇没有连缀在一起,是因为接着还要举至德如泰伯,不便冲淡主题故。三篇依自述、他述方式间错排列而成。所谓自述者,孔子自己述自己也;所谓他述者,弟子们述孔子也。"述而"者,述孔子信古、好古、述古也。所谓信古,信先圣所行己立立人之道也;所谓好古,好仁、好义、好礼、好乐而乐此不疲也;所谓述古,依先圣之道自立而立人也。"子罕"者,述孔子示于人之多者也,观达巷党人、太宰以至颜渊、子贡所赞,皆是赞夫子之文章,可见,"子以四教:文、行、忠、信",信不诬也。"子罕言利与命与仁",亦势所必然也。"乡党"者,述孔子平日言行举止、衣食住行、待人接物之范式也。观此三篇,孔子之形象跃然纸上矣。上德之人,譬如人里于仁之宫殿。是以以"述而""子罕""乡党"名篇。

第八篇首章:"子曰:泰伯,其可谓至德也已矣!三以天下让,民无德而称焉。"当知此篇以"至德"为主题。所谓至德,至高无上之德也,乃至不可见、不可闻、不可分别。篇中显示惟泰伯、尧、舜、禹、文、武等当。之所以于"上德"外更立"至德",以孔子有德而无位,编撰者不应将孔子与尧舜相提并论故。至德之人,譬如人里于仁之全境,无在而无所不在。是以以"泰伯"名篇。

第十一篇首章:"子曰:先进于礼乐,野人也;后进于礼乐,君子也。如用之,则吾从先进。"当知此篇以"尚德"为主题。德者,得也,得于道也;得于道者,立于礼乐,立于仁,乃至立于至德也。篇中所举,前为颜渊、闵子骞、南容;后为子路、子贡、子张、子夏、冉求、公西华等。前者立于礼乐,立于仁,文质彬彬,故比于先进。后者文质不能彬彬,故比于后进。若以至德为标的,则两类人皆不能到。虽然如此,先进较后进更近至德。故孔子于此篇尾章喟然叹曰:吾与点也。观曾皙之志,正是志在至德。是以以"先进"名篇。

第十二篇首章:"颜渊问仁。"当知此篇以"尚仁"为主题。颜渊于众弟子中为立于仁之首者(《雍也》篇中,孔子说:回也,其心三月不违仁,其余则日月至焉而已矣),故以"颜渊"名篇。篇中先举颜渊、仲弓、司马牛问仁,意在显示为仁之纲目;接着举邦君如鲁哀公、齐景公,大夫如季康子,士如子张、樊迟、子贡,意在显示无论为邦君、为大夫、为士,一是以克己复礼为本。

第十三篇首章:"子路问政。"当知此篇以"尚义"为主题。子路于众弟子中最为好义,故以"子路"名篇。义者,宜也。士之所宜,为政也。故此篇所论,皆为政之所宜者。篇中先举子路、仲弓、孔子，以明为政之所宜；后举叶公、子夏，以明为政之所不宜。

第十四篇首章："宪问耻。"当知此篇以"远耻"为主题，或说以"尚礼"为主题，以依礼而行则远耻辱故。士之所宜，固当受聘而为政，然无德而受聘、无功而受禄，亦士之所耻也，故孔子说："邦有道，谷；邦无道，谷，耻也。"观原宪所行，以邦无道故，归隐林下，安于贫穷，合于士礼，故以"宪问"名篇。篇中先举大夫如管仲、公叔文子、孔子，以仁义而受聘，故免耻；继举使者受礼而为使，不辱使命，故免耻；继举隐者如晨门、荷蒉者，以邦无道而不受聘，故免耻；继举天子如高宗，守三年之丧礼，亦免耻也；终举老者如原壤、少者如阙党童子，不依礼而行，故未能免耻。

第十五篇首章："卫灵公问陈于孔子。"当知此篇以"劝邦君"为主题。卫灵公，邦君也；"问陈于孔子"，失礼也。故以"卫灵公"名篇。何以劝邦君？篇中先劝施仁政，后劝举贤人。

第十六篇首章："季氏将伐颛臾。"当知此篇以"劝大夫"为主题。季氏者，鲁执政大夫也；伐颛臾者，失礼也。故以"季氏"名篇。何以劝大夫？篇中先劝守友道（虽信而义）；次劝守臣道（虽忠而谏）；再次劝守父道（虽慈而教）；终劝守夫道（虽昵而敬）。

第十七篇首章："阳货欲见孔子，孔子不见，归孔子豚。"当知此篇以"劝家臣"为主题。阳货者，家臣也；孔子不见而归孔子豚，失礼也。故以"阳货"名篇。何以劝家臣？篇中先劝学文，次劝学质。

第十八篇首章："微子去之。"当知此篇以"叹隐士"为主题。微子者，纣王之兄，孔子许为仁者也；去之者，归隐也，故以"微子"名篇。篇中先举贤人如楚狂接舆、长沮、桀溺、荷蓧丈人、虞仲、夷逸；后举能人如太师、少师、二饭、三饭、四饭等。叹隐士何？若邦君有道，比为所用。

第十九篇首章："子张曰：士，见危致命，见得思义，祭思敬，丧思哀，其可已矣。"当知此篇以"启来哲"为主题。子张为启后、开来之先锋，故以"子张"名篇。篇中所举，惟子张、子夏、子游、曾子、子贡，俱是弘扬、护卫孔子之道者。

第二十篇首章："尧曰：咨！尔舜！天之历数在尔躬，允执其中，四海困穷，天禄永终。"当知此篇以"崇先圣"为主题。唐尧为承前、继往之典范，故以"尧曰"名篇。篇中孔子承周（文、武、周公）、周承商汤、汤承夏禹、禹承虞舜、舜承唐尧。合而观之，尧、舜、禹、汤、文、武、周公、孔子，以至子张辈，孔子之道之历史渊源焕然明矣。又，尧、舜、禹、汤、周皆遵天道而行，孔子亦以天命相酬，孔子之道之哲学基础亦确乎不可拔矣。所谓天道，虽不可见、不可闻、不可捉摸，然平等利益、

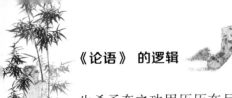

生杀予夺之功用历历在目，故其德谓之至德。圣人大公无私，奖善罚恶，合天之德，其德亦谓之至德。士若能明天道、敬天德、畏天命、法先圣、修至德，下学而上达，不几立于圣人之道乎？

三、答疑

或问：你对二十篇篇名之间因果关系的演绎看似很有道理，很合乎逻辑，但是，将你对篇名的演绎与你对主题的演绎对照起来看，似乎两者并不完全一致，这种不一致表现在对后十篇的演绎上：

篇名演绎：失道而后德—失德而后仁—失仁而后义—失义而后礼—失礼则邦君不像邦君、大夫不像大夫、家臣不像家臣—天下无道则贤能归隐—当此之时，孔门师徒承前启后、继往开来。

主题演绎：尚德—尚仁—尚义—尚礼—劝邦君、劝大夫、劝家臣—叹隐士—启来哲、崇先圣。

这是否意味着你自己为《论语》构造了两个系统：一个是篇名系统、一个是主题系统？或者说，这是否意味着你认为《论语》编撰者本身构造了两个系统？

答：可以说编撰者为《论语》构造了一个篇名系统，同时也构造了一个主题系统，但这两个系统"同，出而异名"。譬如父母对待不听话的孩子，言辞十分激烈，心里未尝不充满慈爱。又如孔子，以"不仁"责宰我，但未尝不以"言语"许宰我；以"艺"许冉求，未尝不以"鸣鼓而攻之可也"责冉求；抑、扬虽异，诲人实同。篇名演绎似乎叹世风日下，君臣失德，主题演绎却处处显示修身立德，师君友臣，一责一导，正好入于中道，这不正是孔子"叩其两端"精神之所在吗？由此可见，篇名演绎与主题演绎一表一里，不一不异。非但不矛盾，而且它恰恰体现了编撰者高超的编排技巧。

或问："失道而后德""失德而后仁""失仁而后义""失义而后礼"为老子之言，《论语》编撰者怎么会据此而谋篇布局呢？

答："德、仁、义、礼"可以是平行范畴，即"德"依结果而建立（得或失），"仁"依动机而建立（向或背），"义"以决断而建立（取或舍），"礼"依言行而建立（遵或违）；"德、仁、义、礼"也可以是种属范畴，即"礼"以"义"为标准，"义"以"仁"为标准，"仁"以"德"为标准。一个人好"礼"而不本于"义"，难免流于"迂"，观"阳货欲见孔子，孔子不见，归孔子豚。孔子时其亡也而往拜之（《阳货》篇）"，可见其理；好"义"而不本于"仁"，难免伤于"慈"，观"季康子问政于孔子曰：如杀无道以就有道，何如？孔子对曰：子为政，焉用杀？（《颜渊》篇）"，可见其理；好"仁"而不本于"德"，难免失于"愚"，观"有罪不敢赦。帝臣不蔽，简在帝心。朕躬有罪，无以万方；万方有罪，罪在朕躬。（《尧曰》篇）"，可见其理。准此而论，无论老子言与不言，《论语》编撰者都会循此次序，勾画天下由治之乱、由乱之治的内在轨迹。

或问：你认为每一篇有一个主题，各章都是围绕主题来编辑的，但你并没有严格论证各章是如何有机联系在一起为主题服务的，这是出于省略呢？还是力所不逮？如果不能建立起各章与主题之间的严密逻辑联系，这是否意味着所谓主题并不成立？

答：《论语》在每一篇的编排上运用了比较复杂的技巧。有些章与主题直接相关，这些章以赋的形式贯穿在一起，形成主干章，共同说明主题；有些章则与主题间接相关，这些章以比、兴的形式依附于主干章，形成枝末章，共同繁荣主题。这样，若只抽取主干章解释主题，当然每一篇都是围绕主题来编撰的；反过来，若只抽取枝末章解释主题，则每一篇中的各章自然形同散沙，看不出它们与主题有什么内在联系。正是因为主干章与枝末章交互错杂，所以，有些学者虽然感受到了每一篇有主题、各章之间有内在联系，但又无法给出有力的证明。显然，作者在释论时回避了枝末章，一味用主干章证明主题；作者的观点因此而很明确，章与章、章与篇之间客观上存在着逻辑联系，但它们不必都具有直接的逻辑联系。

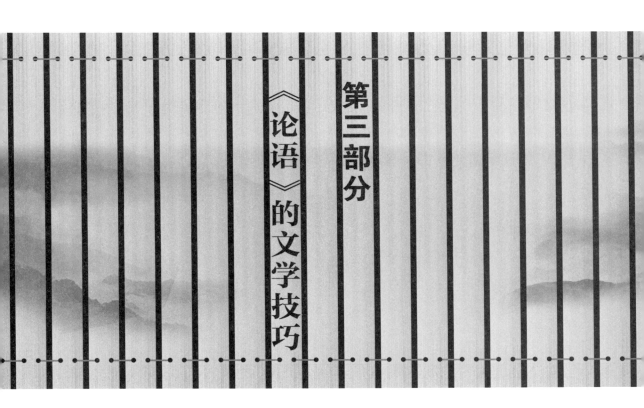

第三部分

《论语》的文学技巧

一、不懂赋比兴，无以解《论语》

学者们一般认为只有《诗经》是用赋、比、兴的文学手法写成的，能够表达丰富的情感。基本上没有人想到《论语》也是非常巧妙地运用了赋、比、兴的文学技巧，来艺术化地传递深刻的人文思想。这也就直接导致了三个不当认知：第一，对《论语》重要地位的忽视。几乎所有人都认为《论语》是最通俗易懂、人人都可以读懂的，是孔子思想的入门之书。[①] 第二，大多数人都不懂得运用文学技巧来解读《论语》。看遍所有的经典注释版本，虽然有文字训诂，但大都流于机械而又肤浅的字面阐释，[②] 其结果是对读者并没有多大的帮助，也根本不能领略《论语》文辞典雅与逻辑严谨，更不能正确传承孔子思想。第三，既不懂赋、比、兴，又不遵循逻辑，导致对《论语》主观臆测而众说纷纭。由于古文字往往一字多音多义，即使进行文字训诂，仍然会有无法统一的多种解说，令读者莫衷一是。综上所述，凡是不能围绕主题、不能发现文本之间的内在逻辑、不能明白编纂《论语》者是运用赋、比、兴文学手法的，都不能做到随宜训诂。[③] 因此，其解读往往望文生义、断章取义而背离孔子思想的本义。

从这个角度来做判断，可以说两千年以来，没有人系统地、全面地领悟了孔子思想。大多数人都是寻章摘句，一鳞半爪地片面认知《论语》，非常可惜。

二、编纂论语者，赋比兴高手也

孔子是集上古学问之大成者，精通六经六艺。他"兴于诗，立于礼，成于乐"（《论语·泰伯第八》），因此，孔子深得赋、比、兴文学手法的精髓。同时，大家都同意编纂《论语》的人是孔子的高才生及其再传弟子。这些人必然是得孔子真传的，如颜渊、有子、曾子、子夏、子贡、宰我、子游、子张等。他们都是掌握了孔子的语言表达技巧的，已经精通并能够运用赋、比、兴来表情达意。在孔子去世后，他们聚在一起，不忍心让老师的思想失传，商量着编纂《论语》，选取老师平时对大家的教导

① 朱熹，《论语集注》，中国社会出版社 2013 年版，第 1 页。
② 典型代表是杨伯峻先生的《论语译注》，中华书局 1980 年出版，全书对各章解释都是粗浅的字面翻译，这种译注对读者帮助不大。
③ 韩桂君、刘纯泽，《子贡方人章新证》，载于《原道》第 37 辑（2019 年 11 月）。纳入了本书第七部分。

话语，最后用赋、比、兴连缀而成书。

以曾子为例，他是运用赋、比、兴的高手。"曾子有疾，孟敬子问之。曾子言曰：鸟之将死，其鸣也哀；人之将死，其言也善。君子所贵乎道者三：动容貌，斯远暴慢矣；正颜色，斯近信矣；出辞气，斯远鄙倍矣。笾豆之事，则有司存。"（《论语·泰伯第八》） 在此段话中，曾子临终巧妙地运用赋、比、兴来回答孟敬子的求教。孟敬子也是孔子的弟子，自然懂得曾子是在用赋、比、兴的表达技巧来解答他的疑惑。"动容貌，斯远暴慢矣；正颜色，斯近信矣；出辞气，斯远鄙倍矣"是赋的手法，既排比又递进；用"鸟将死"来比"自己将死"，用"鸣哀"来比"自己言善"，使孟敬子能够听进自己的劝告。而孟敬子也听懂了曾子的临终教诲，作为鲁国的执政大夫之一，能够做到"动容貌而远暴慢""正颜色而近信""出辞气而远鄙倍"，去世后被谥为"敬"。又如，曾子有疾，召门弟子曰："启予足！启予手！诗云：'战战兢兢，如临深渊，如履薄冰。'而今而后，吾知免夫，小子！"在此处，曾子用赋、比、兴的方法启发和告诫他门下的学生，人生在世修养德行，内心要敬畏，时时刻刻就像面临万丈深渊、就像走在薄冰之上而小心翼翼，一直到临终能够保持身体健全才能安心，否则"一失足成千古恨，再回首已是百年身"。

子贡也极其精通和善于运用赋、比、兴。在孔子去世后，鲁国贵族叔孙武叔多次贬低孔子，子贡以很有力的言辞驳斥他。有一次叔孙武叔以捧子贡的方式贬低孔子。叔孙武叔语大夫于朝曰："子贡贤于仲尼。"子服景伯以告子贡。子贡曰："譬之宫墙，赐之墙也及肩，窥见室家之好；夫子之墙数仞，不得其门而入，不见宗庙之美，百官之富。得其门者或寡矣！夫子之云，不亦宜乎！"（《论语·子张第十九》） 还有一次叔孙武叔直接毁谤孔子。叔孙武叔毁仲尼。子贡曰："无以为也！仲尼不可毁也。他人之贤者，丘陵也，犹可逾也；仲尼，日月也，无得而逾焉。人虽欲自绝，其何伤于日月乎？多见其不知量也！"（《论语·子张第十九》） 在这两段对话中，子贡都运用了赋、比、兴的表达技巧，有力地反驳了叔孙武叔的观点。第一段用"及肩之墙""数仞之墙"来分别比兴子贡的道德学问、孔子的道德学问，以此来显示叔孙武叔的见识浅薄。第二段用"日月之光"来比"孔子之德"，从而反衬叔孙武叔对待孔子的态度之傲慢、毁谤孔子的言行是自绝于日月而"不知量也"。

有子同样是赋、比、兴高手。例如，【1.2】有子曰："其为人也孝弟，而好犯上者，鲜矣；不好犯上，而好作乱者，未之有也。君子务本，本立而道生。孝弟也者，其为仁之本与！"（《论语·学而第一》） 本章首先运用了赋的文学手法，层层递进，最后揭示"孝悌""仁"是做人的根本。有了这个根本，无论在私人生活还是在公共生活中，都会有扎实的底线伦理。一个内心孝悌的人，在家里不会伤害父母；他被任命公职而为君王分忧，就会尽忠职守，而不会为非作歹、祸害百姓、扰乱社会秩序。

然后用"君子务本，本立而道生"的格言起兴，说明"孝悌"是一个人生而为人的根本。"本"的本义就是树深埋在地下的根，用"根"对于树的作用来比"孝悌"对于人的功能。根深才能枝繁叶茂，比喻培养孝悌才能使一个人一生走正道，避免人生走上歧途。有比必有兴，本章最后兴发出"孝悌为仁之根本"的感叹。

三、以《诗经》为例解释赋比兴及其在《论语》的运用①

赋、比、兴在《诗经》三百零五篇中广泛运用。我国古代读书人都是从幼年开始诵读《诗经》，其中优秀者要达到倒背如流的程度，因此对赋、比、兴有直觉性的熟悉。废除科举后，经教传统中断。现代读书人对赋、比、兴仅限于知识点的了解。为了使读者更好地掌握赋、比、兴，就应从《诗经》入手，然后进入《论语》，探寻赋、比、兴在《论语》中的应用。在本书后面《论语》篇内结构赏析中，也是运用赋、比、兴来发现章与章之间逻辑关系的巧妙安排的。

（一）以《关雎》为例简释赋比兴

赋即赋陈，体现排比、递进。比：比喻。兴：托物起兴，先言他物，然后借以联想，引出诗人所要表达的事物、思想、感情。文人墨客通过运用赋、比、兴的手法，使得情感的表达更加生动形象。《诗经》中运用了大量的赋、比、兴手法，了解这些手法，可以帮助我们了解一字一词的真实准确含义，亦可以使我们了解那个时代的生活风俗以及幽默风趣。下面以《诗经》首篇《关雎》为例来说明赋、比、兴的含义。

要弄懂《关雎》的故事性叙事，必须对《关雎》的结构进行重排，进而才能明白其含义。这是因为当我们阅读某些诗篇时，常常感受不到它的内在逻辑性。但我们相信，诗人自己的思想肯定是有逻辑性的。所以，只要我们善于调整它的结构，我们就能发现它的脉络。按照上述原理，作者以记叙文格式对《关雎》进行了结构重排：

[原文]（1）关关雎鸠，在河之洲。窈窕淑女，君子好逑。

（2）参差荇菜，左右流之。窈窕淑女，寤寐求之。

（3）求之不得，寤寐思服；悠哉悠哉，辗转反侧。

（4）参差荇菜，左右采之。窈窕淑女，琴瑟友之。

（5）参差荇菜，左右芼之。窈窕淑女，钟鼓乐之。

[重排]（1）关关雎鸠，在河之洲。

---

① 刘纯泽，《以〈关雎〉为样本的赋比兴实证及规范研究》，《黄冈师范学院学报》第31卷第2期（2011年4月）。纳入本书时略有修改。

  （2）参差荇菜，左右流之；参差荇菜，左右采之；参差荇菜，左右芼之。

  （3）窈窕淑女，君子好逑。

  （4）窈窕淑女，寤寐求之；求之不得，寤寐思服，悠哉悠哉，辗转反侧；窈窕淑女，琴瑟友之；窈窕淑女，钟鼓乐之。

  下面，我们按照重排后的结构解释《关雎》蕴含的故事：

  第一节："关关雎鸠，在河之洲。"按照《春秋公羊传》的解释方法，诗人先说"关关"，是因为声音传得远，故首先听到的是声音。这声音是谁发出的呢？细细地分辨，发现原来是"雎鸠"发出的。那么"雎鸠"在哪儿"关关"呢？走到近处，发现是在河中央的小洲上。可见这一节描述的是故事发生的背景：地点，在黄河岸边，河中央有个小洲；时间，大约是春夏之交，这个季节万物生长，鸟儿当然叫得也欢畅；人物，一位路过这里的君子，一群雄雌交唱的雎鸠。

  第二节："参差荇菜，左右流之。参差荇菜，左右采之。参差荇菜，左右芼之。""参差荇菜"，说的是河边长满了参差不齐的荇菜。"左右流之、左右采之、左右芼之"，说的是发现有一个人正在河边采摘荇菜，"左右"是说采了左边采右边，"流之"是分开叶茎，"采之"是采下根茎叶，"芼之"是去掉茎与叶。只见那个人分开左边的荇叶荇茎，顺着叶茎找到荇根，连根带茎带叶一同摘下，然后去掉茎与叶，只留下荇根。紧接着，又分开右边的荇叶荇茎……整个动作显得非常协调，非常麻利。协调当然就优雅好看，麻利当然就勤劳能干。这一节描述的是一个人劳作的过程。在前面所描述的背景下，引出一个正在劳作的人，这意味着故事的主题开始显现了。

  第三节："窈窕淑女，君子好逑。"原来，那个劳作的人是一位女子。"窈窕"，按照双声叠韵重音不重形的训诂原则，应当是"苗条"，象征形貌好。"淑"，当然指贤淑，象征品行好。像这样一个优雅苗条、勤劳能干的女子，怎么不是君子心目中的好配偶呢？所以君子爱上了正在河边劳作的品貌俱美的女子。到这里，故事的主题完全显现出来了。

  第四节："窈窕淑女，寤寐求之；求之不得，寤寐思服，悠哉悠哉，辗转反侧；窈窕淑女，琴瑟友之；窈窕淑女，钟鼓乐之。""君子"既然爱上了这个"窈窕淑女"，接下来怎么办呢？说起来真是一言难尽。"窈窕淑女，寤寐求之"，是说自从看到那女子后，不论白天还是睡梦中，心里总是想着她，这是比喻相思开始了。"求之不得，寤寐思服，悠哉悠哉，辗转反侧"，是说前面是"心求"，现在发展到了"身求"。君子在旅途中自然找不到媒人，所以自己第二天又返回河边，希望与女子结秦晋之好，遗憾的是遭到了女子的严词拒绝，这使得君子不论白天还是夜晚既是相思又是哀怨，以至于觉得夜晚是那样的悠长，翻来覆去都睡不着。显然，这是比喻相思更苦了。在充满哀怨的相思中，君子忽然意识到了自己的无礼，于是，他立刻赶回家中，禀明父母，托媒人到女子家传递自己求婚的意思。"窈窕淑女，琴瑟友之"，意思是令爱就是瑟，我就是琴，我愿与令爱琴瑟和鸣，友善地对待她。显然，这是比喻君子按照礼仪向女子求婚了。结果怎么样呢？女子非常乐意，她的家人也非常乐意。"窈窕淑女，钟鼓乐之"，意思是在钟鼓齐鸣之中，女子高高兴兴、快快乐乐地嫁过来了。显然，这是比喻君子按照礼仪把女子娶过来了。

为什么作者要说君子没有媒人而向女子求婚呢？为什么作者要说君子托媒人传递了求婚的愿望呢？为什么作者要说女子欢欢喜喜嫁了过来呢？这是因为孔子在《论语·八佾第三》中说："关雎，乐而不淫，哀而不伤。"所谓"乐而不淫"，应当是指"窈窕淑女"虽然喜欢君子，但也不肯乱了男女有别的礼仪。所谓"哀而不伤"，是指"君子"遭到女子拒绝后虽然哀怨，但没有沉溺于哀怨，而是能够反省到自己的失礼，以合理的方式加以弥补。女子本来就喜欢君子，现在君子又按照礼仪来娶她，叫她怎么不欢欢喜喜呢？

至此，一个动人的爱情故事终于以大团圆结束了。每个吟诵的人都会兴起自己的遐想，不知不觉中，一种礼仪的精神也会在心中扎下根，这就是诗教。古代所有读书人都诵读《诗经》，并开展诗教，从而达到"温柔敦厚而不愚"的良好社会风气。[①]

(二)《关雎》中的赋比兴实证分析

所谓实证分析，是假定前提下的逻辑推导。作者首先假定赋、比、兴是三种表现手法，并且假定古人的定义准确而扼要，即，兴就是"托物起兴"，比就是"借物譬喻"，赋就是"铺陈其事"。[②] 在这样的前提条件下，作者要作出的逻辑推导是：赋、比、兴在《关雎》中是否存在；如果存在，它们准确而完整的定义应当是什么。

(1) 兴。在调整后的结构中，"关关雎鸠，在河之洲"，意味着故事发生的背景。"窈窕淑女，君子好逑"，意味着故事所要反映的主题。在原文中，这两部分共同构成了首章，这就给人一种印象：在这么一个背景下，发生了这么一个故事。显然，在记叙文中，这是一种常见而且有效的发端手法，因为它写起来容易，读起来轻松。这种表现手法应当称为衬托手法；由于它相当于古人所说的托物起兴，所以作者也把它叫作"兴"。可以观察到，"兴"有两个特征：一是它是一种开端手法；二是它以背景描写衬托出主题。基于上述特征，作者给"兴"的定义是：兴起，一种运用于诗的开头，通过背景描写衬托出主题的表现手法。

(2) 赋。在调整后的结构中，"参差荇菜，左右流之"——"参差荇菜，左右采

---

① 《礼记 孝经》，胡平生、陈美兰译注，中华书局2008年版，第176页。
② 朱熹《诗集传》说"赋者，敷也，敷陈其事而直言之者也""比者，以彼物比此物""兴者，先言他物以引起所咏之辞"。朱熹先生的这种解释对于今天的读者来说，还是不太清楚何谓"赋、比、兴"。

之"——"参差荇菜，左右芼之"，构成女子一连串的动作。"窈窕淑女，寤寐求之"——"求之不得，寤寐思服；悠哉悠哉，辗转反侧"——"窈窕淑女，琴瑟友之"——"窈窕淑女，钟鼓乐之"，则构成君子一连串的动作。这两串动作在原文中被分割开来，交错排列。显然，在记叙文中，这是一种常见而且有效的夹叙夹议式架构手法，因为它层层递进，所以就显得层次分明；因为它交错排列，所以就显得错落有致。具体到《关雎》，运用这种表现手法的好处是：第一，两串动作在不同章中的相对位置没有改变，始终是女子在前，君子在后，所以两串动作的连贯性并没有被破坏；第二，正是因为两个动作之间存在间隔，人们才能注意到它们的连贯性，假如两串动作都是一气呵成写完，人们反而来不及体会它的连贯性。这种表现手法可以称作递进手法；由于它相当于古人所说的铺陈其事，作者也就把它叫作"赋"。"赋"有两个特征：一是它是一种结构手法；二是它表现为层层递进，交错排列。根据上述特征，作者对"赋"的定义是：赋陈，一种运用于全篇，通过层层递进、交错排列方式来展开主题的表现手法。

（3）比。在调整后的结构中，"窈窕淑女，寤寐求之"，用于比喻君子对女子的相思；"求之不得，寤寐思服；悠哉悠哉，辗转反侧"，用于比喻君子对女子相思的加深；"窈窕淑女，琴瑟友之"，用于比喻君子依照礼仪向女子求婚；"窈窕淑女，钟鼓乐之"，用于比喻君子按照礼仪把女子娶回了家。这些是前面已经分析过的比喻。此外，"关关雎鸠"，也算是比喻，因为它暗含着雄雌和鸣的意义；[1] "参差荇菜，左右流之""参差荇菜，左右采之""参差荇菜，左右芼之"合起来也算比喻，因为它们暗示着女子既勤劳又优雅。显然，这些比喻所体现的是记叙文中常见而且有效的寓意手法，它把内在的思想感情转换成了可以观察到的现象，人们透过这些浅近的现象可以迅速领会其实质，并把自己的经验和想象融会进去。这种表现手法自然应当称为比喻手法；因为它相当于古人所说的借物譬喻，所以作者也把它叫作"比"。"比"有两个特征：一是它是一种寓意手法；二是它总是以浅近的现象来喻示主题。任何现象，只要诗人认为它最能喻示主题，就会拿它来作"比"，所以"比"比今天人们所理解的带"如"的比喻要宽泛得多，这就是人们总觉得在《关雎》中找不到"比"的根本原因。根据上述特征，作者对"比"的定义是：比喻，一种贯穿全篇，以种种现象喻示主题的表现手法。

当我们把上述三种表现手法放到一起进行整体分析时，我们会感叹它的完整和完美。

---

① 朱自清说："《毛传》'兴也'的'兴'有两个意义，一是发端，一是譬喻；这两个意义合在一起儿才是兴。兴是譬喻，'又是'发端，便与'只是'譬喻不同。前人没有注意兴的两重性，因此缠夹不已。他们多不敢直说兴是譬喻，想着那么一来便与比无别了。"非常贴切。（鲁洪生，《朱自清对赋比兴的研究》，《学术论坛》2006 年第 11 期，146 页）

所谓完整，是说"兴"用于开头，好比是基础；"赋"用于结构，好比是框架；"比"用于表意，好比是质料；它们共同构成的诗篇就好比一栋完整的房子。显然，它们是互相兼容的关系，因为我们不能把基础与框架截然分开，而质料本身就在基础与框架之中。所以，人们以为赋、比、兴是基于同一个标准而作出的横向划分，非此即彼，这是一种误解。

所谓完美，是说以背景描写兴起主题，以层层递进赋陈主题，以种种现象比喻主题，这样写出的诗篇应当会生动感人。

透过它的完整和完美，我们会意识到：《关雎》是《诗经》中的经典诗篇；赋、比、兴则构成经典诗篇不可或缺的三要素，是三种经典的表现手法。

（三）《关雎》中的赋比兴规范分析

作者到《关雎》中寻找赋、比、兴之前，首先假定了所要寻找的赋、比、兴是三种表现手法。但人们自然会问：赋、比、兴当初真的是指三种表现手法吗？为了消除人们的疑问，作者拟从文字训诂、作诗者、学诗教诗者三个角度进行规范分析，以期将假定变成肯定。

（1）训诂角度：因为赋、比、兴三个字恰好可以用来概括《关雎》中的三种表现手法，所以可以推断，这三个概念当初就代表《关雎》中的三种表现手法。

怎么证明这一点呢？作者选择《论语》作为训诂样本。

先分析"赋"这个字。在《论语》中，"赋"字仅仅出现了一次。"子曰：由也，千乘之国，可使治其赋也，不知其仁也。"（《论语·公冶长第五》）。由于"赋"从贝、从武；由于子路志在统军，孔子对他的评价是好勇果敢，可知这里的"赋"意指三军。当我们看到三军一行行、一列列，行列交织，构成一个个方阵，整整齐齐地陈列在那里时，我们会想到："赋"就在其中啊。当我们反观《关雎》时，那层层递进、交错排列、方方正正的篇章结构，不正像行列交织、方方正正的三军吗？而所要表现的主题不就包含在其中了吗？所以，作者以为，如果要为"以层层递进、交错排列方式展开主题"这一结构手法取个名字，恐怕没有哪一个字比"赋"更惟妙惟肖。

接下来分析"比"这个字。在《论语》中，"比"出现的频率比较高。"子曰：述而不作，信而好古，窃比于我老彭"（《论语·述而第七》），"比"是同类的意思。"子曰：君子之于天下也，无适也，无莫也，义之与比。"（《论语·里仁第四》），"比"是顺从的意思。"子曰：君子周而不比，小人比而不周"（《论语·为政第二》），"比"是亲厚的意思。"比及三年"（《论语·先进第十一》），"比"是接近的意思。从中我们可以看出"比"的共义是：一物与另一物十分接近。因为它们十分接近，所以用这一物作比就能使人喻知另一物。在《关雎》中，诗人表达君子复杂的心路历程

《论语》 的逻辑

时，不正是以种种现象在作"比"吗？而这些现象不正好使我们"喻"知其意了吗？可见，如果要为"以种种现象喻示主题"这一寓意手法取个名字，"比"可以说十分贴切。

最后分析"兴"这个字。在《论语》中，"兴"出现的频率也比较高。"子在陈绝粮，从者病，莫能兴"（《论语·卫灵公第十五》），"兴灭国，继绝世"（《论语·尧曰第二十》），"子曰：兴于诗，立于礼，成于乐"（《论语·泰伯第八》），"君子笃于亲，而民兴于仁"（《论语·泰伯第八》），上述各篇中的"兴"都可以释为"起"，"起"进一步可释为"开始"，第一例意为一个动作的开始，第二例意为一个国家的开始，第三例意为学习的开始，第四例意为仁德的开始。在《关雎》中，描写背景不就是为了兴"起"主题吗？背景描写不正好处于诗的"开始"吗？所以，当我们为"以背景描写托出主题"这一发端手法取个名字时，无疑只有"兴"这个字才能曲尽其妙。

（2）作诗者角度：因为《关雎》中的三种表现手法也广泛存在于其他诗篇，类似于口诀，客观上需要用三个概念来代表，所以可以推断，赋、比、兴是诗人们传递《关雎》中三种表现手法而形成的口诀。

怎么知道其他诗篇也运用了《关雎》中的三种表现手法呢？作者选择《关雎》所在的《周南》作为样本来分析。《周南》包括十一首诗，考察另外十首诗可以发现，它们毫无例外地运用了《关雎》中的三种表现手法。以《桃夭》为例：

① 桃之夭夭，灼灼其华。之子于归，宜其室家。
② 桃之夭夭，有蕡其实。之子于归，宜其家室。
③ 桃之夭夭，其叶蓁蓁。之子于归，宜其家人。

在这首诗中，"桃之夭夭，灼灼其华"—"桃之夭夭，有蕡其实"—"桃之夭夭，其叶蓁蓁"构成层层递进关系：开始，桃枝上只开桃花；花谢了，桃子就长出来了；桃子慢慢长大，桃叶也就逐渐浓密起来。"之子于归，宜其室家"—"之子于归，宜其家室"—"之子于归，宜其家人"从字面看是重复关系，因为采用室家、家室、家人三个略有差异的词是为了与前面押韵，实际上它们也构成层层递进关系：要善待你的公公婆婆；要善待你的丈夫；要善待你的小叔小姑。两者交错排列，正好构成了《关雎》中的"赋"。

看到"桃之夭夭，灼灼其华"，我们自然想到早春，在那桃花盛开的季节里，一位女子就要出嫁了。显然，这正是《关雎》中的"兴"，它的作用是引出主题——"之子于归，宜其室家"这样的叮咛。

那么，"比"在哪里呢？"比"在"兴"之中。"桃之夭夭，灼灼其华。""夭"可训为折，"折"可训为曲。全句的意思是：桃枝是那样的曲折，桃花是那样的鲜艳。其中的寓意为：应当像桃枝那样委屈自己，应当像桃花那样笑脸迎人。只有这样，"之子于归"，才能真正地"宜其室家"啊。"比"也在"赋"之中。像桃花那样笑脸迎人，不就是说要孝顺公公婆婆吗？像桃子那样诚实无欺，不就是说要体贴自己的丈夫吗？像桃叶那样郁郁浓浓，不就是说要爱护小叔小姑吗？如果我们一定要把宜其室家、宜其家室、宜其家人当作重复来理解，那么，一句话说三遍，殷重恳切之意不就隐含其中了吗？

通过对《桃夭》的分析，我们可以肯定，《关雎》中的三种表现手法是被广泛运用的手法。进一步，我们应当相信，在诗人们学习、交流、传授这些手法的过程中，一定会形成口诀。那么，代表这三种表现手法的口诀是什么呢？自然只能是赋、比、兴。

当然，通过对《桃夭》的分析，我们还可以肯定，并非所有诗篇都是完全照搬《关雎》中的三种表现手法，因为有经常，就一定有权变。比如，在《桃夭》中，"兴"不仅仅用在第一章开头，而且用在连续几章的开头；反之，有些诗篇则不用"兴"，究其原因，是因为情况紧急（比如战争）、因为节奏太快（比如舞蹈）、因为情绪激烈（比如怨恨）、因为场面庄重（比如祭祀）而不适宜用"兴"。又如，有些诗篇没有用完整的"赋"，全篇只有层层递进而没有交错排列，《大雅》及《颂》中的诗篇大抵如此，这与其作为史诗与祭歌的性质有关。再如，"赋"有时也被充作局部的表现手法。以《采薇》为例，"昔我往矣，杨柳依依；今我来思，雨雪霏霏"，本身构成完整的"赋"，但它仅仅是第六章中的一部分。"兴"也是如此，以《氓》为例，"于嗟鸠兮，无食桑葚"与"于嗟女兮，无与士耽"构成兴起，但它仅仅是第三章中间的一部分。凡此种种，不一而足。

（3）学诗、传诗者角度：因为孔子及其弟子娴熟运用着《关雎》中的三种表现手法，所以可以推断，他们当年所学习、所教授的"六诗"中的赋、比、兴就是《关雎》中的三种表现手法。

孔子及其弟子是《诗经》的学习者和倡导者，如果赋、比、兴是三种表现手法，可以设想，他们一定十分精通，在他们的言辞中也一定会表现出来。

（四）总结

综上所述，赋、比、兴的内涵与外延：所谓兴，是一种开端手法，它以背景描写衬托出主题；所谓赋，是一种贯穿全篇的结构手法，它以层层递进、交错排列方式展开主题；所谓比，是一种贯穿全篇的寓意手法，它借种种浅近的现象来喻示主题。运用规范分析方法，作者证明赋、比、兴应当是三种既有经常、又有权变的表现手法：从文字训诂角度看，赋比兴三个字恰好可以概括《关雎》中的三种表现手法；从作诗者角度看，《关雎》中的三种表现手法广泛存在于其他诗篇，类似于口诀，客观上需要

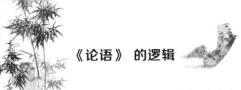

用赋、比、兴三个概念来概括；从传诗者角度看，孔子及其弟子娴熟运用着《关雎》中的三种表现手法。

（五）运用赋比兴，解《论语》示例

当我们打开《论语》时，果然发现，《关雎》中的三种表现手法处处以权变的方式闪耀在字里行间。比如，《雍也第六》中，"子曰：谁能出不由户。何莫由斯道也。"这里运用的是兴起手法。我们可以想象，孔子指着大门说："一个人出入怎么能不走大门呢？"接着又说，"一个士进退怎么能不走君子之道呢？"用"出不由户"比喻"由斯道"，抒发士应该坚守君子之道的内心信念。

《子路第十三》中，"子曰：鲁、卫之政，兄弟也。"这里运用的是比喻手法。孔子用"兄弟"作比，我们自然心领神会，鲁、卫两国的政局一定非常相似。怎么相似呢？鲁国是"君不君，臣不臣"，卫国则是"父不父，子不子"。而"君不君，臣不臣""父不父，子不子"都是孔子所不赞同的政治生态。

《学而第一》中，"子曰：弟子入则孝，出则弟；谨而信，泛爱众，而亲仁。行有余力，则以学文。"这里运用的是赋陈手法。作为弟子，在家里，对父母要孝顺、对兄弟要友爱；到了外面，对伙伴要言而有信，对伙伴以外的大众要尊重，对大众中的仁人要亲近；这样，德行就有了，接下来，还要学文，以期德才兼备。全章贯穿的正是层层递进的法则。

这就表明，他们当年曾经学习过的"六诗"中的赋、比、兴就是《关雎》中的三种表现手法。

从孔子的言辞中，还可以看出他为什么要提倡学习赋、比、兴。人们表达思想时，通常以陈述为主，而陈述就需要讲究先后次序，讲究层层递进，否则会含混不清，别人无从了解。所以作为一个士，他应当掌握用赋的技巧；有时候，直截了当表达自己的意思会显得太突然、太尴尬，比如传递噩耗、规劝师友，人们必须选择迂回的开场白方式，这时，他需要掌握用兴的技巧；有时候，所陈述的内容过于深奥、过于枯燥，不为其他人所熟悉、不能提起他人的兴趣，或者不便直抒己意，人们必须借重比喻，而这时，他必须掌握用比的技巧。[①] 当运用赋、比、兴文学手法时，让听者有一个思考回旋的空间，使其自己明白说者的话语，往往能够达到较好的交流效果，又能避免唐突或者令听者感到尴尬。

孔子对自己的儿子孔鲤说"不学诗，无以言"（《论语·季氏第十六》），就是要

---

① 郑玄解释赋、比、兴时说："赋之言铺，直铺陈今之政教善恶。比，见今之失，不敢斥言，取比类以言之。兴，见今之美，嫌于媚谀，取善事以喻劝之。"（《周礼·春官》）可谓善解善用。

孔鲤掌握并会运用赋、比、兴，否则自己不会善巧地表达思想，也听不懂别人用赋比兴说话的意思，因此，就无法与他人进行沟通。我们可以这样来理解：一个人如果不懂得《关雎》中的三种表现手法，他就很难善巧地表达自己的思想感情。孔子又说："不知言，无以知人。"（《论语·尧曰第二十》）。一个人如果像开篇列举的那样，尚且不懂得人家是用赋、还是用比、用兴在说话，他也就很难准确地理解别人的思想感情。基于这种理解，作者认为，即便在孔子那里，不论赋比兴有没有引申的含义，它也肯定是指三种人们应当掌握的文学表达技巧。

综上所述，赋、比、兴的文学手法在《论语》中应用极其广泛。任何一个学者在研读《论语》之前，通过诵读《诗经》而掌握了赋、比、兴，就掌握了打开《论语》宝藏的一把钥匙。

四、《论语》对赋比兴的运用

《论语》对赋、比、兴的运用，既有在上下部篇序中的运用，也有在每篇内的运用，还有在很多章中及章与章之间的运用。赋、比、兴在篇内的具体运用本书以《学而第一》《宪问第十四》为例，有全面的揭示和论述，请阅读本书第四部分，此处简要提示赋、比、兴在章中的运用。书不尽言，言不尽意，余韵袅袅，留待知音。

（一）列举《论语》中运用赋的章

总体上看，在《论语》中仅仅用赋的章不多。大多数情况下，往往是赋、比、兴并用的。在此处列举的都是仅仅用赋的文学手法的章。在解读这些章时，必须明白赋具有排比和层层递进属性，章内各句之间都有内在的逻辑关系。如此限定，就可以避免主观臆测而随意解释。

【1.1】子曰：学而时习之，不亦说乎？有朋子远方来，不亦乐乎？人不知而不愠，不亦君子乎？第一句是说一个人独学而有得，内心喜悦；第二句是说经过独学后，再向老师请教、与朋友切磋论学，弥补独学之不足，使自己和同学朋友一起德才兼备，与众同乐；第三句是说一个人努力使自己德才兼备的目的是修养自我、提升境界，"读书志在圣贤，非图科第"，即使没有一官半职也能随遇而安、自得其乐。三句话之间是有非常严谨的内在逻辑的，这是典型的赋陈。以下举例都是赋陈，不再详细解释。

【1.5】子曰：道千乘之国，敬事而信，借用而爱人，使民以时。

【2.10】子曰：视其所以，观其所由，察其所安。人焉廋哉？人焉廋哉？

【3.23】子语鲁大师乐，曰：乐其可知也。始作，翕如也；从之，纯如也，皦如也，绎如也，以成。

【5.17】子谓子产：有君子之道四焉，其行己也恭，其事上也敬，其养民也惠，其使民也义。

【7.2】子曰：默而识之，学而不厌，诲人不倦，何有于我哉？

【7.3】子曰：德之不修，学之不讲，闻义不能徙，不善不能改，是吾忧也。

【9.31】子曰：可与共学，未可与适道；可与适道，未可与立；可与立，未可与权。

【16.4】孔子曰：益者三友，损者三友。友直，友谅，友多闻，益矣；友便辟，友善柔，友便佞，损矣。

【16.5】孔子曰：益者三乐，损者三乐。乐节礼乐，乐道人之善，乐多贤友，益矣；乐骄乐，乐佚游，乐宴乐，损矣。

【16.10】孔子曰：君子九思，视思明，听思聪，色思温，貌思恭，言思忠，事思敬，疑思问，忿思难，见得思义。

【17.7】子曰：好仁不好学，其蔽也愚；好知不好学，其蔽也荡；好信不好学，其蔽也贼；好直不好学，其蔽也绞；好勇不好学，其蔽也乱；好刚不好学，其蔽也狂。

【19.1】子张曰：士，见危致命，见得思义，祭思敬，丧思哀，其可已矣。

【20.2】子曰：君子惠而不费，劳而不怨，欲而不贪，泰而不骄，威而不猛。

（二）列举《论语》中运用比兴的章

由于有比必有兴，有兴必有比，因此在这里将《论语》对比兴的运用，放在一起来列举。

【1.15】子贡曰：贫而无谄，富而无骄，何如？子曰：可也。未若贫而乐，富而好礼者也。子贡曰：诗云，如切如磋，如琢如磨，其斯之谓与？子曰：赐也，始可与言诗已矣，告诸往而知来者。

【2.1】子曰：为政以德，譬如北辰，居其所而众星共之。

【2.7】子游问孝。子曰：今之孝者，是为能养。至于犬马，皆能有养。不敬，何以别乎？

【2.12】子曰：君子不器。

【2.22】子曰：人而无信，不知其可也。大车无輗，小车无軏，其何以行之哉？

【3.6】季氏旅于泰山。子谓冉有曰：女弗能救与？对曰：不能。子曰：呜呼！曾谓泰山不如林放乎？

【3.8】子夏曰：巧笑倩兮，美目盼兮，素以为绚兮，何谓也？子曰：绘事后素。曰：礼后乎？子曰：起予者商也！始可与言诗已矣。

【3.12】祭如在，祭神如神在。子曰：吾不与祭，如不祭。

【3.13】王孙贾问曰：与其媚于奥，宁媚于灶，何谓也？子曰：不然；获罪于天，无所祷也。

【3.24】仪封人请见，曰：君子之至于斯也，吾未尝不得见也。从者见之。出曰：二三子何患于丧乎？天下之无道也久矣，天将以夫子为木铎。

【4.1】子曰：里仁为美。择不处仁，焉得知？

【5.4】子贡问曰：赐也何如？子曰：女，器也。曰：何器也？曰：瑚琏也。

【5.10】宰予昼寝。子曰：朽木不可雕也，粪土之墙不可圬也。于予与何诛？

【6.12】冉求曰：非不说子之道，力不足也。子曰：力不足者，中道而废。今女画。

【6.23】知者乐水，仁者乐山。知者动，仁者静。知者乐，仁者寿。

【9.11】颜渊喟然叹曰：仰之弥高，钻之弥坚，瞻之在前，忽焉在后！夫子循循然善诱人，博我以文，约我以礼，欲罢不能。既竭吾才，如有所立。卓尔，虽欲从之，末由也已！

【15.6】子张问行。子曰：言忠信，行笃敬，虽蛮陌之邦行矣；言不忠信，行不笃敬，虽州里行乎哉？立，则见其参于前；在舆，则见其倚于衡也；夫然后行！子张书诸绅。

【19.4】子夏曰：虽小道，必有可观者焉；致远恐泥，是以君子不为也。

【19.7】子夏曰：百工居肆以成其事，君子学以致其道。

【19.21】子贡曰：君子之过也，如日月之食焉。过也，人皆见之；更也，人皆仰之。

【19.23】叔孙武叔语大夫于朝曰：子贡贤于仲尼。子服景伯以告子贡。子贡曰：譬之宫墙，赐之墙也及肩，窥见室家之好。夫子之墙数仞，不得其门而入，不见宗庙之美，百官之富。得其门者或寡矣。夫子之云，不亦宜乎！

【19.24】叔孙武叔毁仲尼。子贡曰：无以为也！仲尼不可毁也。他人之贤者，丘陵也，犹可逾也；仲尼，日月也，无得而逾焉。人虽欲自绝，其何伤于日月乎？多见其不知量也！

其他不再一一列举，期待读者在整体诵读《论语》时，有意识地去琢磨每一章所用的赋、比、兴手法。一旦发现，就会特别开心，感觉自己与孔子及其弟子在心灵上相通了。用佛教的说法就是"法喜充满"。在后面的第四、第五、第六、第七各部分，也都会有关于赋、比、兴运用的具体例证。

不仅《诗经》《论语》无处不在地运用赋、比、兴，而且在《书》《礼》《易》《春秋》中，创作者也是普遍采用赋、比、兴的文学手法来编纂的。以《易经》的

《乾》卦为例，① 六根阳爻从下往上依次排列，就是赋陈；以 "龙" 来比喻每根爻的位置、作用以及人类社会的行为法则就是比；有比必有兴，例如 "潜龙勿用" "君子终日乾乾，夕惕若" "亢龙有悔" 就是抒发情感，表达人处在某种状态的心情及行为选择。可以说，六十四卦都是运用赋、比、兴的恰当示例。

五、《论语》中运用的其他文学手法

《论语》除了无处不在地运用赋、比、兴的文学手法，还运用了其他一些文学技巧。这些文学技巧主要有互文见义、倒装、省略、陪衬、双关语、引用格言起兴等。下面就这些文学手法在《论语》中的应用作举例说明。

（一）互文见义

古人讲话很有文学水平，含蓄而典雅，对称而优美，这主要体现在互文见义的文学手法上。这种手法既在某一章中有所运用，更在章与章之间大量应用。此处仅列举章内运用互文见义的例子，章与章之间的互文见义留白，以给读者留下新发现的空间。

【2.22】子曰：人而无信，不知其可也？大车无輗，小车无軏，其何以行之哉？此章前句中运用了省略的文学手法。懂得互文见义的人，就知道将后句中的 "行" 补进前句，前句就变成了 "人而无信，不知其可（行）也"。如果不把 "行" 补进前句，前句的意思就会模糊不清。后句中的 "輗" "軏" 对于大车和小车能够运行的功能，就相当于 "信" 对于人能在社会中行走的功能。无论古代还是现代，无论东方还是西方，不仅每个人都要以信立身，治理国家的人更要取信于民。

【3.3】子曰：人而不仁，如礼何？人而不仁，如乐何？这句话不懂互文见义的人，就会直接按照字面意思来翻译。例如这种解释："孔子说：一个人没有真诚的心意，能用礼做什么呢？一个人没有真诚的心意，能用乐做什么呢？"② 又如："孔子说：做了人，却不仁，怎样来对待礼仪制度呢？做了人，却不仁，怎样来对待音乐呢？"③ 而懂得互文见义手法的学者，就能恰当理解。例如："包曰：言人而不仁，必不能行礼乐。"④ 所以，根据互文见义，孔子这句话可以简化为 "人而不仁，如礼乐何？"

【3.4】林放问礼之本。子曰：大哉问！礼，与其奢也，宁俭；丧，与其易也，宁

---

① 傅佩荣，《解读易经》，上海三联书店 2007 年版，第 1-5 页。
② 傅佩荣，《解读论语》，上海三联书店 2007 年版，第 31 页。
③ 杨伯峻，《论语译注》，中华书局 1980 年版，第 24 页。
④ 程树德，《论语集释》，中华书局 1990 年版，第 142 页；刘宝楠，《论语正义》，中华书局 1990 年版，第 81 页。

戚。本章孔子很赞赏林放请教礼的根本这个问题，但是因为"礼之本"是个很大的理论问题，孔子就用具体的丧礼为例来回答他。本章后句就运用了互文见义，所以后句就可以简化为"丧礼，与其奢也，宁俭；与其易也，宁戚"。朱熹是明白此处运用了互文见义的，[1] 而现代一些解读者是不太懂的。[2]

【7.6】子曰：志于道，据于德，依于仁，游于艺。对于这句话，大多数人都是字面直译，很机械且粗浅。运用互文见义，本章可以简化为"子曰：依据于仁德，游志于道艺"。具体而详细的解释请阅读本书的第七部分。

【10.9】食不语，寝不言。古人讲话很有文学性，便于传诵和记忆。此句虽短，但运用了对仗、互文见义。对此章通行的解读是"吃饭时不交谈，睡觉时不说话"[3] "吃饭的时候不交谈、睡觉的时候不说话"，[4] 类似这些都是典型的不懂互文见义手法而直译的结果。有的书籍干脆不做解释，可能是觉得这句话太浅白了。[5] 当明白了作者的文学手法后，恰当的翻译应该是"人在吃饭、睡觉的时候，不要讲话"。[6]

（二）倒装

倒装是一种文学手法，也是一种修辞方式，用颠倒词句的次序来达到加强语势、语调以及突出语意等效果。不论是中文还是英文，凡是倒装，都是为了突出强调被提前的部分。所以，《论语》中的倒装同样是为了强调和突出被提前的词句。例如【20.8】子曰：不知命，无以为君子也。不知礼，无以立也。不知言，无以知人也。（《论语·尧曰第二十》）这一章如果不倒装，其顺序应为"不知礼，无以立也。不知言，无以知人也。不知命，无以为君子也"，提前了"不知命，无以为君子也"部分，就是突出强调"知命"对于君子的重要性。君子要"知命"，才能真正做到"不怨天，不尤人"，也就是【1.1】所说的"人不知而不愠"，自得其乐，随遇而安。因此，运用倒装手法，将"知命"提前加以强调。

又如【2.8】子夏问孝。子曰：色难。有事，弟子服其劳；有酒食，先生馔，曾是以为孝乎？"色难"就是运用了倒装手法而被提前的部分，一方面强调"保持和颜悦色对待父母"是最重要的；另一方面也突出要做到始终能够以和悦的脸色与父母互动是

① 朱熹，《论语集注》，中国社会出版社2013年版，第15页。
② 傅佩荣，《解读论语》，上海三联书店2007年版，第31-32页；钱穆，《论语新解》，生活读书新知三联书店2002年版，第55-56页；杨伯峻、刘殿爵，《论语译注》，中华书局2008年版，第30-32页；黄克剑，《论语疏解》，中国人民大学出版社2010年版，第40-43页；赖明德、陈弘治、刘本栋，《四书读本新绎》，文化发展出版社2022年版，第119页。
③ 刘琦，《论语》，吉林文史出版社2006年版，第72页。
④ 杨伯峻，《论语译注》，中华书局1980年版，第104页。
⑤ 尹建维，《论语印心》，河北出版传媒集团花山文艺出版社2014年版，第189页。
⑥ 刘宝楠，《论语正义》，中华书局1990年版，第415页。

很难的。大部分人都能替父母分忧，有好的酒食让父母先享用，而要做到始终对父母有恭敬的内心、有温婉的脸色、愉悦的心情，很多人却做不到。因此，孔子运用倒装手法，将"色难"提到句首。每每读到此处，不得不佩服孔子高明的表达艺术。

（三）省略

作者应用省略的文学手法，原因如下：第一，古代刻字困难，尽可能用最少的文字表达最丰富的含义。第二，给读者探索的空间，留有余韵。第三，通过章序关系，设置文眼，又不至于让读者错失文本真义。第四，相信读者的智力，能够发现作者运用了省略手法。在《论语》刚刚成书时，一方面有老师的口传心授，人们不会对其产生误解；另一方面，读书人都懂赋、比、兴和省略技巧，自己能够补足省略部分。因此，在战国末期、秦汉时代，绝大多数读书人相对明白《论语》的本义。但是，这些文学手法的运用对于两千多年后的读者来说，就成了通达《论语》真义的重重障碍。

例如【2.1】"为政以德，譬如北辰，居其所而众星共之"，此章省略了主语和两个条件句。完整的句子应该是：（为政者应）为政以德。（如果为政者做到为政以德，则）譬如北辰，居其所而众星共之。（如果为政者做不到为政以德，轻则政治昏暗而民不聊生，重则为政者身死国灭）。又如【1.1】"学"是动词，做谓语，却省略了"学"的主语和宾语，"谁"学呢？学"什么"呢？怎么学呢？【1.1】还在"人不知而不愠"前面，省略了"人知"的情形。

（四）陪衬

在古典文本表达中，有一种文学手法是现代人所不太习惯的，就是陪衬手法。当运用陪衬手法时，只有一句或者一个字是真实意思，另一句或者另一个字是用来陪衬的。例如"女子无才便是德，男子有德便是才"，前句是陪衬，真实意思是强调男子必须有德，才能真正发挥其才华，造福社会。又如，"生子不生男，缓急无可使者。"（《史记·扁鹊仓公列传》）这里的"缓"字就是"急"字的陪衬，真正的意思是"急难之时"。《论语》中有多处运用了陪衬。

【9.26】子曰：三军可夺帅也，匹夫不可夺志也。此章前句是陪衬，后句是真实意思。

【14.37】公伯寮诉子路于季孙。子服景伯以告，曰：夫子固有惑志于公伯寮，吾力犹能肆诸市朝。子曰：道之将行也与，命也；道之将废也与，命也。公伯寮其如命何！此章的"市朝"中，"朝"是陪衬，没有意义，"市"具有实意。

【17.2】子曰：性相近也，习相远也。前句"性相近也"是后句"习相远也"的陪衬。因为前句不是孔子真正要表达的，一方面人的本性看不见摸不着，说不清楚，

另一方面人作为同类，在本质上肯定有根本的相同之处，所以"性相近"的表达没有不妥当，也不是孔子真正要说的，本章重点在"习相远"。孔子最关心的是一个人后天所处的环境及教育培养效果，一个人在家庭中从父母处、在学校从师友处、在社会上从上级和同事处每天所习得的，决定了他成为一个什么样的人。因此，每个人都必须谨慎选择自己所交往的人，近贤者而远佞人，从而习得良好的品行、造就扎实的技能，才能避免误入歧途。

（五）双关语

在古代，文字很少，所以往往存在一个字有多个含义，甚至同一个字有完全相反的两个含义。例如"乱"字，既有"混乱"之义，又有"治理混乱"之义。因此在《论语》中，双关语的文学手法也很常见。比如：

【1.4】曾子曰：吾日三省吾身：为人谋而不忠乎？与朋友交而不信乎？传不习乎？（《论语·学而第一》）此章的"三""传"都是双关语，至少有两个含义。"三"既可以是实指，每天从三个方面反省自己；也可以是虚指，每天多次反省自己。"传"既可以是动词，是指"传授"，又可以是名词，指代"所传授的文献典籍"。

【5.21】季文子三思而后行。子闻之，曰：再，斯可矣。（《论语·公冶长第五》）此处的"再"既指一而再，又指三而再。

【5.22】子曰：宁武子邦有道则知，邦无道则愚。其知可及也，其愚不可及也。此处的"愚不可及"，既赞其愚，又损其愚。

【15.41】子曰：辞，达而已矣！（《论语·卫灵公第十五》）这里的"辞"既指文辞、言辞，又指辞去、辞职。

【17.19】子曰：予欲无言。子贡曰：子如不言，则小子何述焉？子曰：天何言哉？四时行焉，百物生焉，天何言哉？（《论语·阳货第十七》）其中的"天何言哉"既指孔子自己欲无言，又指上天何曾言，还反衬子贡言多；根本指向是要求为政者率先垂范，效法上天行不言之教，管理好自己，在上位者自身的行为决定了社会风气。即"君子之德风，小人之德草。草上之风，必偃"。

【17.25】子曰：唯女子与小人为难养也！近之则不孙，远之则怨。（《论语·阳货第十七》）此处的"女子""小人"都有至少两个义项，具体解释请阅读本书第五部分。

明白了孔子在说话时，常常一语双关，甚至多关，就能够领略《论语》的文学之美，进而体会到更丰富而深刻的孔子思想。

（六）引用格言起兴

　　《论语》中，引用格言起兴的地方也很多。引用当时人人都知道的格言，一方面方便听者记忆，另一方面章句之间有内在逻辑关联。例如"子曰：三人行，必有我师"就是孔子引用的格言，后句"择其善者而从之，其不善者而改之"是孔子的发挥，对格言的起兴和纠偏。前后句关联之处是要向他人学习，后句对前句可能发生的偏差——向坏人学习——进行了纠正，即要择善而从、见不善而内自省。又如"有子曰：礼之用，和为贵。先王之道，斯为美"也是引用的格言，后句"小大由之，有所不行。知和而和，不以礼节之，亦不可行也"是有子的发挥。再如"子曰：里仁为美"也是引用格言，后句"择不处仁，焉得知"是孔子的发挥，既然"里仁为美"，选择居处应看该地方是否有仁德之风，才是真正的有智慧。最后再举一例，"曾子言曰：鸟之将死，其鸣也哀，人之将死，其言也善"也是引用格言，后句"君子所贵乎道者三……"是起兴，以向孟敬子表示自己的回答是真心诚意的，是为孟敬子所需要的善言。

　　《论语》引用格言起兴，就类似于我们现在说话或者写文章时，引用孔子、老子、庄子、孟子、苏格拉底、柏拉图、康德、马克思等人的话，以阐发自己的观点。

第四部分 《论语》之《学而第

一》《宪问第十四》

篇内结构解析

在明白了《论语》各篇之间的内在联系以及掌握了《论语》所运用的各种文学技巧后，才能基于《〈论语〉篇序传》所限定的主题和运用赋比兴等文学技巧对《论语》篇内结构进行解析。此部分选取《学而第一》和《宪问第十四》两篇为例。

一、朱熹先生对《论语》篇内结构有觉察而未竟

对于《论语》篇与篇之间的关系、每篇内各章之间应该有内在结构的想法，朱熹先生应该是走在了所有人的前列。在篇序方面他有两个发现，例如，"八佾第三凡二十六章。通前篇末二章，皆论礼乐之事。"① 此处朱熹认为整个八佾篇是与为政篇的最后两章（"十世可知也"章与"非其鬼而祭之"章）相通的。又如，"雍也第六凡二十八章。篇内第十四章以前，大意与前篇同。"② 在章序方面，他也有一些发现，例如"然记者序此于八佾、雍彻之后，疑其为僭礼乐者发也"。③ 只是他并没有深入挖掘，仅仅在《论语集注》中有一鳞半爪、只言片语的显现。虽然是他本人的遗憾，却提示了后人并给后人留下了作出智力贡献的余地。

请读者在熟读第一部分《论语》原文的基础上，掌握第二部分《论语》二十篇的篇序及其内在逻辑的解释，建立起对《论语》文本的整体观念。在熟记篇序及清晰掌握每篇之间的逻辑关联后，进入本部分学习。思考各篇内的赋比兴结构及其他文学手法的运用，从而揭示篇内的章序逻辑。本部分采用留白手法，将《论语》中部分篇内的赋比兴运用和章序逻辑具体呈现，以抛砖引玉。其余篇内的赋比兴和章序逻辑揭示，留给读者进行阅读后自我训练。同时，相信并期待更有能力的学者，提出比本书更好的篇内体系和逻辑论证。在本部分以《学而第一》《宪问第十四》为例，来揭示《论语》的篇内主题，划分篇内单元结构，例证赋比兴运用并论述章与章之间的内在逻辑体系，以飨读者。其余各篇则需要读者举一反三而得之。章序的揭示在本书第七部分也有少量呈现。

① 朱熹，《论语集注》，中国社会出版社 2013 年版，第 14 页。
② 朱熹，《论语集注》，中国社会出版社 2013 年版，第 31 页。
③ 朱熹，《论语集注》，中国社会出版社 2013 年版，第 15 页。

二、《论语·学而第一》解析：基于赋比兴

《学而第一》是《论语》的开篇，是非常重要的一篇，共十六章，虽篇幅不长，而主题鲜明、内涵极为丰富。朱熹说"所记多务本之意，乃入道之门、积德之基、学者之先务也"。①

（一）关于本篇的主题

《〈论语〉篇序传》指出："每一篇的主题由首章实际决定，由主干章回护证成，由篇名形象表达。"由此可知，本篇的主题必然表现在第一章之中。

【1.1】子曰：学而时习之，不亦说乎？有朋自远方来，不亦乐乎？人不知而不愠，不亦君子乎？

如果仅仅是望文生义，作字面的翻译，孔子的意思是：学而时习，不也喜悦吗？朋友远来，不也快乐吗？不为人知，而不愤愤不平，不也君子吗？

可是，人们禁不住会问：学习什么？学习真能带来喜悦吗？什么是朋友？朋友真能带来快乐吗？如何才算君子？君子怀才而不遇，难道还不许心中有一丝不平吗？

继而，人们很容易勾起往日的记忆：学习有时很痛苦，朋友有时是灾难，君子常常也得借酒浇愁。于是，对孔子的言辞与观点，人们会感到疑惑。

如果运用赋陈手法，把三句话看作是排比、递进的句式，则其意思相互牵扯、相互关照，而清晰起来：一个士，对于德行与才艺，学而时习之，会感到喜悦，因为知道自己走上了君子之道；朋友远来，会感到快乐，因为独学无友，则孤陋寡闻，② 有君子们砥砺陪伴，德行与才艺必然日进；已然德艺双馨，而位高权重的人却不知道、不欣赏、不重用，不会愤愤不平，因为知道德才兼备由己，能不能施展则有天命在。

显然，上述对孔子观点的发挥，属于逻辑分析；能不能成立，还需要有实证分析。

《〈论语〉篇序传》又说："第一篇首章：'子曰：学而时习之，不亦说乎？'当知此篇以'学习'为主题。篇中有子、曾子、子夏、子贡与孔子间错议论，一唱一和，一问一答。孔子为师，有子、曾子、子夏、子贡为徒，师、生相聚，非为学而为何？又，观其所议论者，惟在学孝、学悌、学忠、学信、学礼、学乐、学诗，合而观之，即是学文、学质，亦即是学君子之道、学为士之道。是以'学而'名篇。"

由此可见，本篇十六章的编排次序，的确证实了孔子的真实意思：所谓学而时习

---

① 朱熹，《论语集注》，中国社会出版社 2013 年版，第 4 页。
② 《礼记·学记》。

之，即修孝悌忠信之德、究诗书礼乐之业而已。相应地，所谓有朋自远方来，即师生、同学之间互相勉励；所谓人不知而不愠，即是天下有道则见，天下无道，则安贫而乐道。以下，本文将沿着《〈论语〉篇序传》的思路，透视编撰者的编排方法，还原孔子及其弟子们关于学什么、怎么学具体而真实的想法。

（二）关于主题的第一重赋陈

【1.2】有子曰：其为人也孝弟，而好犯上者，鲜矣；不好犯上，而好作乱者，未之有也。君子务本，本立而道生。孝弟也者，其为仁之本与！

【1.3】子曰：巧言令色，鲜矣仁！

有子比孔子小四十三岁，一度被认定是孔子的代言人（《史记·仲尼弟子列传》）。编撰者首先引用他的言辞，然后与孔子的言辞互相比兴，这就构造了一个师生唱和的场景，而关于学什么、怎么学，自然就不言而喻了。

有子的观点是：孝悌，是做人的根本，是君子之道的开端。因为对年长的父兄孝顺、悌从，就不可能喜好犯上作乱。按照有子的逻辑，学而时习之，理应从孝悌开始。

可是，顺从父兄，这就是孝悌吗？如果父兄言行失当，难道不可以规谏吗？显然，在这样的自我质疑中，有朋自远方来，显得格外重要。

孔子说：使自己的言辞巧妙、脸色美好，又心存仁德的，少有！孔子的这段话，强调的是内心有没有仁爱。如果没有仁爱，外在表现出来的和颜悦色，其实就是欺诈。

这就指示了学习孝悌的方法：首先是在内心深处，培养起对父兄的爱戴、敬爱之情；表现在言辞与脸色上，和颜悦色当然是常态；如果父兄言行失当，则应该小心翼翼加以规劝，不然，何以成就自己的仁者之心呢？

（三）关于主题的第二重赋陈

【1.4】曾子曰：吾日三省吾身：为人谋而不忠乎？与朋友交而不信乎？传不习乎？

【1.5】子曰：道千乘之国，敬事而信，节用而爱人，使民以时。

【1.6】子曰：弟子入则孝，出则悌，谨而信，泛爱众，而亲仁。行有余力，则以学文。

曾子小孔子四十六岁，在孔子的弟子中，以孝悌著称，是《孝经》的实际作者。他每天多次反省的事情是：做到了忠吗？做到了信吗？六经六艺荒废了吗？

对曾子而言，在家里做到孝悌，或许比较容易，因为基于血缘的父子、兄弟关系，天然会充满温情。一旦出门在外，面对没有血缘关系的人、面对夹杂利益关系的事，要始终做到忠诚、信实，的确更难。因此，在曾子那里，学而时习之的重点，就变成了忠信。

可是，忠诚常常被视为愚忠，信实有时被诟病为贼信。可见，学习忠信，也存在着误区。此时，有朋自远方来，也显得格外重要。

于是，作为比兴，孔子从君主角度、弟子角度论述忠信的言辞，就被编排到了此处。

孔子说：领导一个大国，对待自己，做事要恭敬，说话要信实；对待臣子，俸禄要优厚；对待庶民，不可影响其生计。

显然，作为对高位者的要求，忠指忠于职守，并不指忠于某个人；信指令行禁止，取信于民，并不指信于某个人。换句话说，君主忠信的尺度，当以 "节用而爱人，使民以时" 为准。比如，农忙季节，禁止动用民力，这体现了忠信法则；可此时外敌来袭，为了全民利益，动用民力，同样体现了忠信法则。

孔子说：为人弟、为人子者，在家要孝顺父亲，在外要悌从兄长。言辞要谨慎而信实，举止则泛爱众人而亲近仁者。先要有德，然后才可以学艺。

显然，作为对卑贱者的要求，忠信也不可能是愚忠愚信。因为他的忠信本身建立在谨慎之上，忠信行事之前要征求父兄的同意，之后还要获得仁者的认可。

（四）关于主题的第三重赋陈

【1.7】子夏曰：贤贤易色。事父母，能竭其力；事君，能致其身；与朋友交，言而有信。虽曰未学，吾必谓之学矣。

【1.8】子曰：君子不重，则不威；学则不固。主忠信，无友不如己者。过则勿惮改。

子夏小孔子四十四岁，在文学方面很有造诣。继曾子之后，子夏也重视忠信。对待父母、对待君上，能尽心竭力，甚至不惜奉献生命，此谓忠。跟同辈、朋友打交道，要言出必行、说话算话，此谓信。在行为上做到了忠信，即使没有学习文献典籍，也必然达到了学习文献典籍的效果了。

同样，孔子担心子夏学忠信面临与曾子学忠信的不足，于是用比兴的方法，把第八章放在此处，提醒在践行忠信时，如何避免过失，要及时、勇敢地改过。

首先要举止稳重，深思熟虑，再采取行动，可以避免失误；还要向德高望重的长者、比自己更有贤德更有经验的人请教，就能够事先做好预案，行动中掌握好时机、分寸，谨言慎行，则忠信合宜。一旦发现有不妥之处，迅速改过，以救偏失。

此处主要讨论自己如何合宜地践行忠信，既是对主题章的补充，也是与曾子三省忠信的排比、递进。

（五） 关于主题的第四重赋陈

【1.9】曾子曰：慎终追远，民德归厚矣。

【1.10】子禽问于子贡曰：夫子至于是邦也，必闻其政，求之与？抑与之与？子贡曰：夫子温、良、恭、俭、让以得之。夫子之求之也，其诸异乎人之求之与？

【1.11】子曰：父在，观其志；父没，观其行；三年无改于父之道，可谓孝矣。

续接前面年轻弟子要学习孝悌忠信，通过什么方式来学习呢？用强制灌输的方式，让青少年背书记住知识点，然后考试获得好成绩，能取得好的效果吗？从现在的教育模式中，强制灌输只能适得其反，记问方式亦非良策。此处转入培养年轻人有教养的途径，使青少年在潜移默化之中习得孝悌忠信。

曾子说对去世的父母以礼安葬、对更早前去世的列祖列宗要以礼祭祀，那么民众就会言行敦厚而社会风气归于淳朴。这是在家族内应遵循的重要的礼。除了丧礼、祭礼，还有冠礼、婚礼、射礼、乡饮酒礼等，在日常熏陶中教养年轻人至诚以孝悌忠信。子贡说夫子在周游各国的时候，能够预闻国政，是因为他在与卿大夫、国君的交往中都能遵循朝堂之礼，做到性情温和、言语善良、内心恭敬、自用节俭、行为谦让。曾子和子贡都讨论了学礼的良好效果。

可是，学礼乃至行礼如仪却没有真诚，或者以礼压人，或者以礼炫耀，或者繁文缛节。可见，学礼也会存在误区。此时，有朋自远方来，也显得格外重要。此外，也有人会质疑有丧礼、祭礼、朝堂之礼就能够实现"民德归厚"，人们就会温良恭俭让？

于是，作为比兴，孔子从一个年轻士大夫子弟如何对待君父的角度论述学礼、守礼的言辞，就被恰当地编排到了此处。

孔子说一个人幼年时，有父母教导，言行方面都是按照父母的要求去做的，在言谈举止方面一般都是合乎礼的。这个时候判断他习礼的状态好坏，关键在于看他内在的情志，这就是"父在观其志"。当父母去世了，一个人没有了父母的耳提面命，往往行为就是其真实的表现，他对待礼仪的态度就看他的具体行为，这就是"父没观其行"。孔子说一个国君、卿大夫在父母去世后，能够守三年之丧，是真正的缅怀、追思父母之恩。一个国君、卿大夫在守丧期间是不处理政事的，自然"三年无改于父之道"了。国君、卿大夫守礼，为国人树立榜样，民众自然效法，社会风气自然归于淳厚了。

很显然，孔子特别强调士、大夫、三公、九卿、国君循礼而行的重要作用。可见，良好的礼乐教化就是君父率先垂范，弟子日常耳濡目染的结果。《论语》将第十一章放在此处，用意是对曾子和子贡的观点进行纠偏，并突出礼教达到"恭俭庄敬而不烦"的核心在于一个国家的君上。君上能内在敬畏礼乐并严格尊奉，则上有所好，下必甚焉。因为"教者，上所行，下所效也"。

学孝悌忠信、学礼习礼都是对主题章的补充，而每一部分都又有比兴，运用的文学手法非常巧妙。

（六）关于主题的第五重赋陈

【1.12】有子曰：礼之用，和为贵。先王之道，斯为美。小大由之，有所不行；知和而和，不以礼节之，亦不可行也。

【1.13】有子曰：信近于义，言可复也。恭近于礼，远耻辱也。因不失其亲，亦可宗也。

【1.14】子曰：君子食无求饱，居无求安，敏于事而慎于言，就有道而正焉，可谓好学也已。

有子说礼乐贵在恰当合宜的运用，从而达到人群的安详和乐，这才是中华古圣先贤王道之治的精髓。而不论国家大事还是个人的私事，都严格按照礼的规范去做，有时候也是行不通的。知道人们应该和睦相处而没有规矩的一团和气，也是不行的。践行诺言，必须该诺言近于道义；待人恭敬也需要合乎礼节，否则是自取其辱。所依靠的人可亲可敬，才能以其为宗。

所有的规则、规范都会遇到行不通的情形，孝悌忠信如此，各种礼仪规范同样如此。当遇到某种社会行为规则无法适用的时候，怎么办？有子说可以适当变通，不是大事小事都严格僵化地遵守规则，也不能一味地为了和气就不讲规矩，要"信近于义、恭近于礼"。

可是，如何变通呢？这是需要非常高超的智力和恰当的方法的。一旦可以突破规则，人们就会完全无视规则了，那么，欲得良好的社会秩序无异于缘木求鱼。因此，机械、僵化地遵守孝悌忠信、礼义廉耻是行不通的，是有问题的；而懂得权变却乱变，则后果更为严重。此时，有朋自远方来，也就显得格外重要。

于是，作为比兴，孔子从君子恰当地执行规范及合宜地变通适用角度论述好学的内涵。一个处理政事的君子，首先不能追求物质方面的享乐，即"食无求饱，居无求安"；其次，要勤谨于政事，慎言自己不懂不熟悉的事情；再次，遇到特别疑难问题，普遍规则难以适用而需要变通时，及时谦虚地向有经验的德艺超群的前辈请教，从而做到既敬畏规则，又能使规则合宜地应用到具体情景中，而不是为了面子、为了虚荣，刚愎自用而造成危害民众的严重后果。这才是真正的好学。

有子表达自己对信守诺言、恭敬待人的看法，孔子唯恐他的理解有偏差，提醒他应该"食无求饱，居无求安，敏于事而慎于言，就有道而正焉"。也就是说公共事务千头万绪，各种公共规则都有其内在要求，不可以因为一些特殊情况或者紧急状态而随意不遵守，而是应该谨言慎行并请教"有道者"，使自己的行为合乎正道。

孔子教导的学生，掌握了完美德艺之后，就有可能去为政，而为政关乎每一个人的福祉，所以必须向有经验和为政德艺高超的人请教，才能避免为政失误而贻害无穷。

到此处本篇关于学习的主题论述已经很完整了。有总说，有分论；有原理，有实证；有经常有权变；有学生畅所欲言，有孔子亦师亦友的提点和指正。尽管内容上较为完整了，但是就此结束，戛然而止，会显得突兀，所以需要有尾声，以呼应主题章。所以，就有后面两章。

（七）关于主题的第六重赋陈

【1.15】子贡曰：贫而无谄，富而无骄，何如？子曰：可也。未若贫而乐，富而好礼者也。子贡曰：《诗》云："如切如磋，如琢如磨"，其斯之谓与？子曰：赐也，始可与言《诗》已矣，告诸往而知来者。

【1.16】子曰：不患人之不己知，患不知人也。

【1.15】章是一个完整的对话，意思也比较明确。一方面，可以作为一个独立的主题而存在，仅仅用其字面意思，也是具有超越时空的价值的；另一方面，它被安排在《学而第一》，要服务于本篇"学"的主题，则必须与前后文有内在联系，这样其内涵就更加丰富，功能更加多元。

子贡小孔子三十一岁，相比有子、曾子、子夏要年长一些。子贡利口巧辞，孔子常黜其辩。（《史记·仲尼弟子列传》）子贡擅长言辞，巧言善辩，自我感觉良好。孔子担心其不知收敛，就不时敲打子贡。因此，子贡与孔子的关系是亦师亦友。在第十五章中呈现了师生一唱一和、相互切磋的场景，改变了前面的师生分章唱和、切磋的形式，而是融合在一章中进行。读诵这一章，不得不佩服《论语》的编纂者心思巧妙。一方面是对前文各章关系的提示，另一方面巧妙运用《诗》中原文"如切如磋，如琢如磨"一语双关，既指一个人的自我砥砺、切磋琢磨以提升德艺，又指与师友互相激励成长。孔子既肯定了子贡的"贫而无谄、富而无骄"说法，又为其指明了努力的方向和目标"贫而乐，富而好礼"。子贡也是一点就通，还能引用《诗》来形象地表达自己领悟了老师的教导。孔子看到子贡能恰当理解自己的意思，非常高兴，赞赏他能"告诸往而知来者"。这一章集中论述了学什么、怎么学以及通过学要达到的境界。同时又呼应了第一章的"君子不愠"，不就是"贫而乐，富而好礼"的人生态度吗？

"贫"是因为未得一官半职而没有俸禄，生活较为困难的境况。这有可能是"人不知"而"贫"，也可能是"人知"而"贫"。一个德艺超前的君子，当有机会为政一方时，该如何选择呢？需要"知人"，要了解自己所要服务的对象是否"有道"。若是一个"无道"者，则宁可"贫而乐"。所以，"知人"就非常重要了。

第十六章是第十五章的比兴，孔子告诫子贡"不患人之不己知"，不要到处用言辞来彰显自己，而要有识别、知人的能力；又是对第一章主题的补充和升华，体现了君子自我选择的主动性。这样，很自然地结束第一篇，又开启《为政第二》。

三、《宪问第十四》的单元结构及章序关系

《宪问第十四》共四十五章，是《论语》二十篇中最长的一篇，可以将其划分为如下九个部分：

（一）关于本篇的主题

《〈论语〉篇序传》指出："每一篇的主题由首章实际决定，由主干章回护证成，由篇名形象表达。"由此可知，本篇的主题必然表现在第一章之中。

【14.1】宪问耻。子曰：邦有道，穀；邦无道，穀，耻也。克、伐、怨、欲不行焉，可以为仁矣？子曰：可以为难矣，仁则吾不知也。

《〈论语〉篇序传》又说："第十四篇首章：'宪问耻。'当知此篇以'远耻'为主题，或说以'尚礼'为主题，以依礼而行则远耻辱故。士之所宜，固当受聘而为政，然无德而受聘、无功而受禄，亦士之所耻也，故孔子说：'邦有道，穀；邦无道，穀，耻也。'观原宪所行，以邦无道故，归隐林下，安于贫穷，合于士礼，故以'宪问'名篇。"

第十四章中原宪请教他的老师孔夫子，什么是耻辱，一个士或大夫等为政者，如何做才能远离耻辱。开宗明义，"宪问耻"，根据前后文，从孔子的回答可以，原宪请教的是一个为政者如何远离耻辱。子曰："邦有道，谷；邦无道，谷，耻也。""谷"是国君给臣下的俸禄，所以原宪所请教的"耻"之主体就是臣子，而不是泛指所有人。第一章与第二章到第十四章互文见义，也可以知道"耻"的主体是"士""南宫适""子羽""子产""管仲""孟公绰""公叔文子""臧武仲"等。

借此机会说明一下，对《论语》不当解读的一个根本原因就是主体不明或者混淆主体，或者根本不辨主体。一个庄稼人的耻辱与一个士大夫的耻辱，因其主要职责不同而不同：庄稼人不会种地是其耻辱，一个士大夫尸位素餐、渎职贪腐、卖官鬻爵、鱼肉百姓等是其耻辱。

（二）关于主题的赋陈

第一章提出"如何远耻辱"的本篇主题，后面第二章到十三章来层层递进，补充说明第一章，通过不同角色从多个方面揭示远耻辱的方法。例如，"士不能怀居"、何

时"危言危行"、何时"危行言孙"、要"尚德"、要"贫而无怨"、要"富而无骄"、要"见利思义"、要"见危授命"、做到"久要不忘平生之言"、要做到"时然后言""乐然后笑""义然后取"等。一个辅佐国君、帮助其为政以德的臣下，研习《宪问第十四》后，既掌握了原则，又有具体的参照对象和具体适用情形，"见贤思齐焉，见不贤而内自省也"，至少能避免使自己陷于耻辱的境地。

（三）关于主题的赋陈

从第十四章到十八章，是基于管仲、公叔文子的实证分析，讨论两种具体情形下的选择即判断"耻"与"不耻"的标准。管仲的生死选择、公叔文子举荐家臣为后世确立了标准。

生死事大。每一个人都可能会面临生死选择，而一个辅政的人应以什么为标准，来抉择是否要"杀身成仁""舍生取义"呢？第十六章、第十七章通过子路、子贡与孔子的对话，来讨论管仲的生死选择。当管仲辅佐的公子纠被公子小白（即齐桓公）杀死，管仲没有像召忽一样追随公子纠而死，显得贪生怕死，不爱他所辅佐的公子纠，反而去帮助杀死公子纠的公子小白，因此有人说管仲应该感到羞耻。孔子不赞同这种观点。"桓公九合诸侯，不以兵车，管仲之力也""民到于今受其赐"，管仲帮助齐桓公会盟诸侯，维持天下和平，避免各诸侯国之间的冲突与战争，民众得享和平红利，中华文明得以保存，避免了"被发左衽"是最大的仁德。所以，孔子不认为管仲应该追随公子纠而死，相反管仲把自己的才华用在了为全天下人服务，使全天下人受益，不仅不是耻辱，反而是有仁德的选择。

本部分的核心章是第十六章和第十七章，第十五章是用来引出"管仲生死选择"这个核心话题的，基于一个具体的语境来探讨何种选择最好以及生死抉择的标准，才能让读者清楚掌握"全天下人的福祉"是根本的判断标准。而人们面临生死选择时，是最难作出恰当选择的。有人会像召忽一样忠诚于他所辅佐的人，尽忠而死；有人会像管仲一样保全生命而服务于大多数人的福祉。

一个辅政者除了生死抉择，最重要的责任就是如何选任贤能。尤其当面对原来是自己的臣下而德艺卓越时，是压制他呢，还是提拔他到与自己平起平坐？不同的选择能显明其不同的境界。第十八章以公叔文子为例，讨论一个手握选拔人才大权的执政正卿，如何选贤任能而免于耻辱。大夫僎（zhuàn）原是公叔文子的臣下，德行好且有才华，公叔文子毫无芥蒂地提拔他，"与文子同升诸公"，所以孔子赞扬公叔文子"可

以为文矣"。①

本部分四章用鲜活的事实给出了两个好的执政大夫的典型。第十五章是为了引出管仲，是起兴的手法；第十六、第十七两章都是用讨论、对话的方式，以具体事实来证明管仲辅佐齐桓公实现了较长时期的和平，造福当时各国民众，符合"士以天下为己任"的标准，因此赞赏管仲。虽然他没有像召忽一样，追随公子纠而死，反而辅佐了公子纠的对手，但并不耻辱。第十八章公叔文子也是一个很好的执政大夫，崇尚道义而任用贤者，使自己免于耻辱。如果不任用才艺超群、德才兼备的人，那就是一个尸位素餐、未能履行职责的上大夫。

（四）关于主题的赋陈

本部分包含了第十九章和第二十章，是基于卫灵公、季康子言行的实证分析。在第十九章中，"子言卫灵公之无道也。"孔子跟季康子说卫国国君卫灵公无道，不能为政以德，不努力以礼乐行仁政，实则是暗指季康子无道。而季康子揣着明白装糊涂，甚至还反问孔子："你总是说卫灵公无道，是一个做国君的耻辱，那卫国为什么还没有灭亡呢？"季康子这样的思想就证明了他作为执政大夫之耻辱。自身行不端正，还不明白应该辅助国君端正。孔子的回答"仲叔圉治宾客，祝鮀治宗庙，王孙贾治军旅"，一方面说明卫灵公虽然无道，但其同公族的众卿有水平，在礼乐、外交、军事方面都有卓越之人担任，发挥了良好的治理效果；另一方面是反讽季康子用人不当，排斥有才德的人，导致鲁国国力日益衰落。这一单元是从反面论证执政大夫之耻辱。与第二单元形成反衬、对比关系。管仲、公叔文子是首席执政大夫中好的典型，季康子是首席执政大夫中坏的典型。因为卫灵公作为君不君的典型，在第十五篇中集中揭露，此处仅说"卫灵公无道"，不做具体说明，埋了一个伏笔。

第二十章看似与第十九章没有联系，实则不然。"其言之不怍"是批评季康子不以"卫灵公无道"为警戒，丝毫没有愧疚之心，就不可能纠正自己的错误行为。所以，孔子说"则为之也难"，很难将他导正。

（五）关于主题的赋陈

从第二十一章到第二十四章，是基于孔子的实证分析。

---

① 公叔文子（？—公元前497），公叔氏，名发，一名拔，谥号为"贞惠文子"，故称公叔文子，春秋时卫国的卿大夫。他是卫献公的孙子。公叔文子家资富有，却不骄傲。他善于推荐人才，在当时诸侯国中享有极高的声誉。他的家臣大夫僎有贤才，他就加以推荐，使他升到公室做大夫，与自己平起平坐。公元前497年，公叔文子去世后，其子公叔戍请谥于卫灵公。卫灵公说："当年卫国凶年饥荒，他把粥施给国中饥饿的人，不是惠吗？当年卫国有难，他以死来保卫寡人，不是贞吗？他听卫国之政，加以整治，与四邻诸侯国相交，使卫国社稷不至于受辱，不是文吗？"故封其谥号为"贞惠文子"。孔子周游列国时，在卫国居住的时间最长，他对公叔文子评价很高，称赞他有举贤荐能的美德。

鲁哀公十四年，齐国执政大夫陈恒（陈成子）弑杀齐简公而篡位。根据当时周王室的规则，其他各国应联合讨伐陈成子。孔子告老在家，得知此事，就隆重地沐浴而朝，告诉并请求鲁哀公，应该号召诸侯去讨伐陈成子。由于鲁哀公被三家架空而成为傀儡，国政决策权在三家手中，就让孔子去告知三家，要他们按照周礼联合诸侯去讨伐陈成子。三家不肯出兵。孔子基于自己曾经身为大夫，虽没有决策权，但熟谙当时周王室和诸侯行为规则，所以认为自己有责任去报告鲁哀公和三家，告诉他们该讨伐篡位者。孔子这样做，一方面对国君和执政者尽到了责任，循礼而行，免耻；另一方面国君和执政大夫不听从，则是决策者的耻辱了。第二十二章（子路问事君）补充说明第二十一章孔子告请国君、三家去讨伐陈成子，是其事君的行为标准，即"勿欺也，而犯之"。子路向孔子请教如何事君，孔子因材施教，基于子路是个爽快人，可以直言敢谏。孔子也是这么做的。因为君子上达于义，按照自己应该做的去事君，只有这样才能修养而成就自己，即"君子上达、古之学者为己"而远离耻辱。相反，一个不履行职责的为政者追逐权势利禄而向世人炫耀自己，是很耻辱的事情。

（六）关于主题的赋陈

从第二十五章到第三十七章，以蘧伯玉、使者的选择进行实证分析。

本部分与前一部分是并列关系，与第一章是赋的关系，在内容上递进和补充主题章，讨论世袭大夫如何远耻辱。蘧伯玉与孔子的身份不同，他是世袭大夫，一出生就有爵禄。第二十五章用孔子与蘧伯玉的使者之间对话来体现蘧伯玉的谦虚谨慎品德，使自己免于耻辱。同时，使者也很好地完成了自己的使命。因此，一个人不能完成自己的使命就是耻辱。而每一个人的使命基于其身份、职责而不同。由此引出第二十六章"不在其位，不谋其政"、第二十七章"君子思不出其位"，强调了蘧伯玉、使者在其位而担当使命，谋其政。所以，孔子赞赏使者说："使乎！使乎！"这个使者很善巧地传递了蘧伯玉的日常修养，应对很得体。用精练的语言传递了蘧伯玉是个勇于进修而改过的君子，"年五十而知四十九年非。"（《淮南子·原道训》）基于第二十六章、第二十七章还可以明确蘧伯玉的进德修业是根据其职位和职责来判断自己的行为是否妥当。第三十八章、第三十九章与第二十五章互文见义，蘧伯玉就是在言行方面修养自己，以言过其行为耻辱，做到"仁者不忧，智者不惑，勇者不惧"。

从第三十章到第三十七章以子贡、微生亩、公伯寮三人为例，都是言过其行，而招致羞辱的典型。子贡方人，孔子批评他并要他有自知之明、待人真诚；微生亩不懂孔子"明知不可而为之"的志向而妄加论断。第三十四章是起兴，并与前后章互文见义，君子之德一方面要避免言过其行，另一方面要"以直报怨，以德报德"。第三十六章和第三十七章章又以孔子为例，尽管夫子之道行不通，但孔子"不怨天，不尤人"，

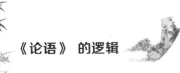

而是乐天知命，努力按照正道去做，结果如何听从天命。所以孔子说"知我者其天乎""道之将行也与，命也；道之将废也与，命也。公伯寮其如命何"。

这一单元比较长，用正反两个反面的实证，主要集中讨论君子如何避免因不当言论招致耻辱，呼应了"宪问耻"的主题。第四单元是从行为上判断，而第五单元是从言语上判断。这两个单元互文见义，"言行，君子之枢机，荣辱之主。"① 提示了士、大夫、卿及公、王等人，要谨言慎行，居位担当。

（七）关于主题的赋陈

从第三十八章到四十章，是基于晨门、荷蒉者的实证分析。当上位者无德时，贤者只能隐遁以避祸。

这三章是讲如果君子言行不当，天下无道，那么贤者如晨门、荷蒉等只能避世隐居，避免遭受羞辱。居于高位的人"一言以丧邦"。第三十八章讲贤者隐居的四种情形，即"辟世""辟地""辟色""辟言"。

（八）关于主题的赋陈

从第四十一章（高宗谅阴）到第四十三章（修己以敬），是最高位者的良好行为典型。这是基于殷高宗的实证分析。即以殷高宗为例说明一个王的行为，合乎当时社会礼的行为标准，使他远离耻辱，得到了《尚书》作者的称赞。

第四十一章，子张读《尚书》中的"高宗谅阴，三年不言"，向孔子请教是什么意思。孔子首先解释殷高宗父亲去世，高宗即位为王，循礼守丧三年，居住在临时搭建的庐舍里，一心缅怀父亲，不处理朝政，这是儿子对父亲去世应遵循的礼制。"死，葬之以礼。"本章还隐含了殷高宗也模范地遵守了其他礼制的要求。因为对所有人来说，守三年之丧是最难的。作为王能够做到三年住在简陋的庐舍，睡在草垫子上，不吃肉不喝酒，不宴乐，给天下所有的儿子作出表率，其他的礼相对于守丧三年就容易做到得多了。所以，本章是以殷高宗武丁为父亲守三年之丧的事实，为所有为政者树立了好的榜样。

第四十二章与第四十一章是赋的关系，递进和补充第四十一章，也有互文见义的手法。"上好礼"的"上"指代与殷高宗同样地位的王以及诸侯、卿大夫等为政者，"礼"包括了丧礼在内的六礼。这句话是说一个社会的上层人士能够模范地遵守礼制，其达到的效果是"则民易使也"。"民"在古代社会是指农、工、商等庶民。俗话说"上有所好，下必甚焉"，居于社会上位的王侯卿相大夫等行为守礼、蔚然成风，下民

---

① 《易·系辞》。

则会主动效法守礼而风俗淳厚。孔子不仅肯定了殷高宗的行为，更加阐发了王侯等守礼的良好社会治理效果。这又呼应了《为政第二》第三章"道之以德，齐之以礼，有耻且格"的论点。

第四十三章孔子通过回答子路的问题"如何做才是个君子"，来告诉士以上的人，只有"修己以敬"才能在为政时真正做到循礼而行。所有有志于出仕的人，必须"先进于礼乐"来修养自己的内在诚敬之心，才能有外在德艺双馨。所有以殷高宗为代表的居于上位的人，不是天生就能够守礼的，他们能够做到"三年谅阴不言"，是从小被教导"修己以敬"的结果。

（九）关于主题的赋陈

第四十四章（原壤夷俟）和第四十五章（阙党童子将命）说明士的言行不合于礼，是其耻辱。

这一部分有两个士的具体行为，招致了负面评价。一个老年的士即原壤，在等孔子时，坐姿太不雅观，被孔子半开玩笑地批评他"老而不死是为贼"，并用拐杖轻轻叩击他平摊叉开的小腿肚。一个少年的士即阙党童子，被孔子批评为并非真心求教，而是"欲速成者"。他们的言行都不符合当时的礼仪：原壤夷俟、阙党童子居位且与先生并行。

这两章集中用两个实际例子，以互文见义的手法，启发读者要举一反三地掌握士的行为准则。那就是：年轻时要虚心好学，真诚求教，恭敬师长，不能大大咧咧地坐在长者的位置上；到年长时，要给年轻人做个好榜样，不能为老不尊，放松对自己的要求。古代士以上的人最佳坐姿是安坐，是早期最体面的一种坐法，即以膝居地，小腿平置于地，臀部贴于脚后跟。

《宪问第十四》是论语二十篇中，篇幅最长、内容最多的一篇，可以分为九个部分。其核心主题是集中讨论在一个社会中，士以上各个层级的人，即士、家臣、大夫、卿、诸侯、王等社会上层群体，如何正确地言行，才能使自己免于陷入耻辱状态。在孔子时代，尊礼而行则免耻。这是维系社会良好秩序的底线要求，既有宏观理论阐述又有微观具体实证分析，既有正面典型，也有反面教训，故篇幅较长。从第二部分到第九部分都是在补充解释论证第一章的观点。

四、其他篇都可以参照上述方法进行解析

以篇幅较短的《尧曰第二十》为例，第一章为主题章，主题后面七章同样运用赋比兴而相互之间具有内在逻辑关系。《尧曰第二十》高度浓缩了士及其以上各阶层的行

为准则，这些阶层的内心价值准则和外在言行（尊五美、屏四恶）决定了一个社会的善恶状态。"君子之德风，小人之德草。草上之风，必偃。"（《论语·颜渊》） 如果他们都能按照行为规则去行事，则能够建设一个孔子所设想的大同世界。现在看来，这些行为准则仍然有其现实意义。

其余的十七篇，每一篇都有主题，也都能围绕主题划分单元结构，通过赋比兴的文学手法论证主题，体现篇内的章与章之间的逻辑联系。每篇的主题在第二部分《〈论语〉篇序传》中已经有充分揭示和阐述。而关于其他各篇内的单元结构，本书暂且留白，不尽之处以待贤者。非常期待读者结合每篇主题展开探索，从而体会逻辑思维和文学鉴赏的乐趣，玩索而有得。

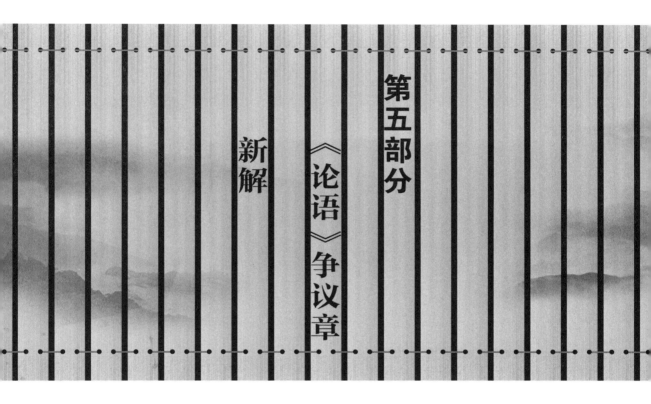

第五部分

《论语》争议章

新解

新解一："唯女子与小人为难养也"新解①

　　自古以来对该章②研究解读的学人、名家甚多。近现代较为著名的学人有刘宝楠先生、程树德先生、杨伯峻先生、傅佩荣先生等。他们的解释都大同小异，其解释大意都是：孔子说，只有女子与小人是难以共处的；与他们亲近，他们就无礼，对他们疏远，他们就抱怨或怨恨。③其他人对本章的解读大多类似，不再赘述。非常令人遗憾的是，这些名家解释严重地曲解孔子思想，对现代社会大众正确理解孔子思想造成了重大障碍，亦不利于中华文化伟大复兴事业。因此，有正本清源之必要。

　　名家解释的主要弊端有四：第一，对"女子""小人""养"这三个关键词的解释语焉不详，缺乏有说服力的论证；第二，没有注意先秦文字在后世语义上的变化，简单将今天的文字字义套用到古人的思想中，属于典型的望文生义；第三，对"养"字作"相处"或"同处"之解释，令人迷惑，对孔子思想呈现"差之毫厘谬以千里"之误解；第四，以今非古。孔子真的歧视女性吗？歧视是现代社会价值理念，孔子时代根本没有歧视之说，以今天之价值观苛求两千多年前的古圣先贤，缺乏妥当性。

---

　　①　此文作者韩桂君、刘纯泽，首发《原道》第2辑（2016年），第204-213页。
　　②　子曰："唯女子与小人为难养也！近之则不孙，远之则怨。"（《论语·阳货第十七》）
　　③　刘宝楠，《论语正义》（下），中华书局1990年版，第709页；程树德，《论语集释》，中华书局1990年版，第1244页；杨伯峻，《论语译注》，中华书局1980年版，第191页；傅佩荣，《解读论语》，上海三联出版社2007年版，第279页。

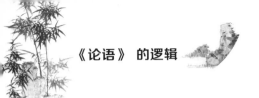

一、理解本章的基本原则

（一）审慎考察古今字义之不同

文字字义随时代变迁而发生变化，是人们在日常生活中都能体会到的。例如现在的"同志""小姐""美女"等与三十多年前的含义都大大不同。古时由于书写条件所限，文献典籍及其蕴含的哲理和思想往往依靠师生间口传心授进行传承。关于"女子""小人""养"等先秦文字，在秦始皇焚书坑儒后，对其理解发生歧义的可能性也非常大，且秦以后之读书人也会根据自己需要而自行注释，或者断章取义，如此必然偏离孔子的本意。更重要的是孔子的言说往往有隐含在文字背后的深意。若将后人基于望文生义之解释当作孔子本人的思想而责备孔子，一方面对孔子不公平，另一方面也不符合学术研究之要求，犯了逻辑论证上的"稻草人"谬误。① 因此，注意古今文字字义的不同，是学人解读先秦典籍所必须具备的基本素养。唯有理解中华文化元典的真精神，才能返本出新，实现中华文化和中华民族的伟大复兴。②

（二）孔子并非不尊重女性

在现代的汉语词汇中，"小人"是贬义词，指品行不端的人。由于在本章中孔子把"小人"与"女子"并列，使得后世之人将本章的"女子"一语也当作了贬义词，这已招致不满；加之现代人不会严格区分"女子""女性""妇女"等词的差别，使得人们将"女子"的外延扩展为所有女性，这样，孔子在此章中对"女子"难养的感慨，就阴差阳错地变成了对所有女性的责难。由此，自尊的女性及尊重女性的男性，自然觉得孔子在本章的表达不仅偏激，甚至糊涂。

其实，在春秋时期，上述词汇的使用与今天有相同处，也有不同处，假如一个人相信温良恭俭让且智慧的孔子，不会说出如此不温良、不智慧的话，必然设身处地去理解他所选择的词义，慎思本章中孔子的真实思想，而误会就能涣然冰释。

（三）运用随宜训诂而切忌望文生义或断章取义

在所有阅读到的名家训诂中，常常出现的解读错误，可分为两类：一类是断章取义。例如后文中后汉杨震对本章断章取义之运用，为了避免重复，此不赘述。另一类

---

① 逻辑论证上的"稻草人"谬误，是指把 A 事物当作 B 事物加以否定或者批评。
② 孙劲松，《格物穷理、知行合一、经世致用》，《国学学刊》2013 年第 1 期，第 5 页。

是望文生义。看到"小人"一词，就心存一定是"无德之人"；看到"女子"一语，便作女性想；看到"养"字，只知是赡养。为弥缝逻辑不通之患，串讲义理，必然有破坏文辞之举，反对朱子解释①的后世学人，大抵如此。

训诂的最高境界，乃是无为而治：既不破坏文辞习惯用法，又不割裂文辞之间的逻辑联系，还不乖离人物身份及历史背景，却又呈现出令受众豁然开朗的义理。故在解读先秦元典时，最高明的方法是随宜训诂。

三、对"女子""小人""养"的随宜训诂

（一）"女子"何解为宜？

若要理解本章中"女子"的含义，必须回到与孔子同时代的文献典籍中，寻找与其相同或者类似的文字，并进行比较分析，方能得出令人信服的结论。

1. 先秦六经中"子""女子""女子子""妇"的含义

"子谓公冶长，可妻也。虽在缧绁之中，非其罪也。以其子妻之。"（《论语·公冶长第五》）意思是：孔子认为可以把女儿嫁给公冶长。虽然他在牢中，但没罪。于是把女儿嫁给了公冶长。这里"以其子妻之"的"子"是"女儿"的意思。《诗经·桃夭》中有"之子于归，宜其室家"的句子，"子"是"少女"的意思。由此可见，春秋时"子"既可以称"儿子"，也可以称"女儿""少女"。②

古人如果要区分"儿子"与"女儿"，怎么办呢？可以想到的办法是，"子"特指"儿子"，在"子"前加"女"以表示"女儿"。比如，"初，宋芮司徒生女子，赤而毛，弃诸堤下。"（《左传·襄公二十六年》）意思是：当初宋国的芮司徒家添了个女儿，红皮肤且长满了毛，（家人以为不吉祥，）就把她遗弃在大堤下。这里"女子"是"女儿或女孩"的意思。③又如，"大人占之：维熊维罴（pí），男子之祥；维虺（huǐ）维蛇，女子之祥。"（《诗经·斯干》）意思是：卜官解梦说，您梦到熊罴，这是添男孩的吉兆啊，您梦到虺蛇，这是添女孩的吉兆啊。这里"女子"仍是"女儿或女孩"的意思。

如果古人要区分自己家的"女子"与别人家的"女子"，怎么办呢？《礼记·曲礼》说："姑、姊、妹、女子子，已嫁而反，兄弟弗与同席而坐、弗与同器而食、父

---

① 朱子曰："此小人，亦谓仆隶下人也。君子之于臣妾，庄以莅之、慈以畜之，则无二者之患矣。"（《论语集注》）
② 杨伯峻，《论语译注》，中华书局1980年版，第42页。
③ 杨伯峻，《春秋左传注》，中华书局1990年版，第915页。

子不同席。"这里"女子子"表自己的女儿，即这女子乃自己的孩子。而《诗经》中《泉水》《竹竿》里说的"女子有行，远父母兄弟"，通指长大直至嫁出去的女孩。①

"女子"嫁到别人家后，该怎么称呼？古人在"女子"出嫁后称"妇"，因为有"夫"。所以《礼记·内则》说："女子十年不出，姆教婉娩听从""十有五年而笄(jī)，二十而嫁，有故，二十三年而嫁。"② 意思是：女孩满十岁则不出门，十五岁已许婚则盘髻插上簪子，二十岁出嫁，有父母丧则延至二十三岁出嫁。而《礼记·昏义》则说："是以古者妇人先嫁三月""教以妇德、妇言、妇容、妇功""所以成妇顺也"。③ 前者《内则》是从"女子"未嫁立言，后者《昏义》是从"女子"已嫁立言。

2. 对"女子"随宜训诂的新解——未出嫁的年轻女孩

上述所列举的先秦六经中在春秋时期，用于表示年轻女性的术语，为后人理解孔子在本章中用"女子"真正所指的对象提供了多种可能性。综上所述，春秋时"女子"是未出嫁前的通称，相当于现在汉语中的"女孩子"。所以，"唯女子与小人为难养也"之"女子"是指"年幼的女孩子"，也就是未出嫁的年轻女孩。

因此，把本章中的"女子"理解为所有女性，是对孔子思想的误解。其实，即使现代社会，"女子"也总是与"年轻"联系在一起的，表示"女孩子"之意思。

（二）本章"小人"应解为"未成年小男孩"的训诂论证

从现存的先秦典籍看，"小人"主要有两个相差甚远的义项，一是指品行不端的人，二是指地位卑下的人。其实还有大多数学人未注意到的第三义项：未成年小男孩，只有在极少的文献中才有此特指，故被大多数研究者忽视了，以致对本章"小人"一词的理解有偏差。

1. "小人"作"未成年男孩"解的例证

《孔子家语卷第三·观周第十一》："孔子既读斯文也，顾谓弟子曰：小人识之，此言实而中，情而信。"孔子对自己的弟子们说："小人们啊，铭文上所说的话真实可信，你们要记住啊！"由于孔子晚年创办私塾，跟随他学习的都是些小伙子，著名的子张小孔子四十八岁、曾参小孔子四十六岁，④ 一定有很多弟子年龄更小，所以孔子称他们为"小人"，自然指"未成年男孩"，而不是指"道德品质低劣的人"。

---

① 《十三经注疏》（附校勘记上册），中华书局1980年版，第1240页。
② 《十三经注疏》（附校勘记下册），中华书局1980年版，第1471页。
③ 《十三经注疏》（附校勘记下册），中华书局1980年版，第1681页。
④ 《史记·仲尼弟子列传第七》。

2. 为什么古典文献中 "小人" 极少指称未成年男孩呢?

(1) 古文献多用 "小子" 表示未成年男孩。

从语源角度分析, "小人" 最初应该是与 "大人" 构成一对范畴, "大人" 指年长者, "小人" 指年幼者。

从历史角度分析, 到春秋时期男孩有个固定称呼 "小子", 如《诗经·思齐》中的 "肆成人有德, 小子有造" 即为适例。这句意思是 "文王施政的结果是成人有德行, 小子朝德行迈进"。这里 "成人" 与 "小子" 对举, "成人" 指已年满二十岁、已行冠礼之男子, "小子" 即没满二十岁男孩之通称。又如《论语·阳货第十七》中: "子曰: 小子! 何莫学夫诗?" 这里 "小子" 亦是男孩之通称。由于人们普遍用 "小子" 称呼男孩, 可以推论 "小人" 指代 "小男孩" 的义项便慢慢淡化了, 后世学人也就很难注意到此一义项。进一步, 由于 "小人" 通用于指称品行不端、地位卑下的人, 于是 "小人" 便彻底失去了 "小男孩" 的义项。

(2) 为避免重复而在此章中用 "小人" 替代 "小子"。

既然如此, 孔子为什么还要称男孩为 "小人" 呢? 有两个原因: 一个原因是 "小子" 与 "小人" 本来意义相同, 可以互换; 另一个原因是基于表达技巧考虑, 为避免重复而变换所使用的文字, 把 "女子与小子" 换成了 "女子与小人"。古人常用这种文学手法以避免重复, 如《左传僖公二十四年》中 "女德无极, 妇怨无终" 的女、妇和极、终即为避免重复之适例。

(三) 什么是与 "近之则不孙、远之则怨" 相应的 "难养"?

1. "养" 之本义

"养" 从羊、从食, 表供给美食, 故有赡养 (老人)、抚养 (子女)、惠养 (百姓)、饲养 (牲畜) 等义, 上述义项的共同点是提供充足的生活资料。由于春秋时女性在经济上依附男性、仆人在经济上依附主人, 所以古今多数学人认为 "难养" 的 "女子" 即女性、"小人" 即仆人。[①] 可是, 在本章后半句中, 孔子对 "难养" 的解释是 "近之则不孙 (逊), 远之则怨", 即: 亲近他, 他会不逊从; 疏远他, 他会怨恨。引发 "不逊" 或 "怨" 的原因是你主观上对他态度是 "近" 或 "远", 而不是客观上是否提供了充足的衣食。可见, 孔子所说的 "养" 应该另有其义。

---

① 朱熹,《论语集注》, 中国社会出版社 2013 年版, 第 104 页。

2. "养"在本章的含义——教育

《周礼·保氏》:"养国子以道,乃教之六艺"。这里"养"与"教"互文互释,①"道"与"六艺"互文互释,该句子的含义是保氏(老师)的职责是用六艺之道教养(或教授、调教)国子们(君、大夫、士之子弟)。由此可见,"养"有"教"之义,即调教其身心,使其"明明德",以达到其"格物、致知、诚意、正心、修身、齐家、治国、平天下"②之教养目标,用现代的语言表述就是教育。

《礼记·文王世子》:"立太傅、少傅以养之。"郑玄注:"养者,教也。"该句的含义是"太傅、少傅的职责即是教育太子或世子"。

基于上述对"养"字之随宜训诂,就能够得出结论:此处"难养"之"养"字是"教育"的意思,由此,前句之"难养"与后句"近之则不孙,远之则怨"便有了内在的逻辑联系:由于教育是一种调教野性、使人驯服的活动,所以调教者可以温文尔雅、好言相劝(近之),但其结果可能是受教育者毫不逊从(则不孙);调教者也可以疾言厉色、施以责罚(远之),但受教育者的反应可能是日益怨恨(则怨)。

鉴于前面对"女子"的训诂,得出结论"女子"是受教育的未成年女孩,则上述逻辑联系则更加紧密、显著。未成年人富于感性而缺乏理性,而所要接受的教育是遵守行为规范之社会化的要求,在一定程度上违背未成年人的天性,所以无论是父母或者是教师在教育子女或者学生时,始终面临着"难养或难教"问题,稍有偏差,结果便是"不逊"与"怨"。直至今天,有些人倡导"棍棒式"教育(虎妈)、有些人倡导"赞美式"教育(猫爸),其实都未能得宽严相济之要领。孔子作为一个大教育家,弟子众多,秉性各异,对教导之难体会相当深切,才有此一感叹!

假如上述推论成立,则另一个难以理解或者引人误解的"小人"的具体所指,只能是特指未成年男孩,而不是大多数后人所理解的道德败坏或者地位卑下的人。这样通过逻辑推导出来的结论与前面论证的结论完全契合。

因此,"女子与小人"乃未成年人的合称。本章孔子所要表达的真实思想和情感是:小孩子们真是难于教育啊!做大人的和颜悦色开导,她(他)会不顺从;板起面孔教训,她(他)又会心生怨恨。

3. 谁是孔子的教育对象?

《论语》是孔子弟子及再传弟子记载的孔子言行,其目的是教育当世及后世读书的

---

① 互文见义是先秦元典中常用的修辞手法或者文学技巧,主要是为了避免语言单调重复,或者用简洁文字、含蓄而凝练的语句表达丰富思想和情感。

② 《大学》。

世家子弟领会其思想，并能"为政以德"①。此章的教育对象不是普通民众，而是读书学道以明理治国的年轻士子们，其目的是培养"无恒产而有恒心"的士。②

孔子面对眼前跟着他"学道"的年轻小伙，也就是未来要从政、"为政以德"的"士"，他希望透过上述比喻让他们举一反三：小子们，你们跟着我学道，在乎的应该是我能否把六艺传给你，而不是我对你是"近之"还是"远之"，更不应该因此而"不孙"而"怨"。在孔子时代，把人们划分为"士、农、工、商"四个等级，"士以天下为己任"，其使命是"学为政之道"以治理社会，当时之学人们对本章的理解应该是符合孔子本意的。

四、朱子、百家注解之述评

（一）朱子之注解

朱子曰："此小人，亦谓仆隶下人也。君子之于臣妾，庄以莅之、慈以畜之，则无二者之患矣。"③

朱子没有直接解释"女子"，而是先定义"小人"，有他的难处。柿子须捡软的捏，所以他选择从大众比较认同的地方开始："此小人，亦谓仆隶下人也。"既然"小人"是卑贱之仆人，"女子"就应当是卑贱之臣妾；既然"女子"是女妾，反过来"小人"则应是男臣。

至于"养"，他训诂为"莅（临）""畜（养）"。有地位的君子，对于从属于自己的男女仆隶下人，应该以庄重莅临，免得他们言不逊从；又应该以仁慈蓄养，免得他们心生怨恨。

朱子以御下之术解构孔子之言，可谓煞费苦心，终究没有一竿子打翻一船人，避开了天下所有女性可能的诘难，撇清了自己也撇清了孔子，但是却并非孔子本意。

（二）朱子注解之后世影响

清代学人刘宝楠是朱子的支持者，他发挥道："此为有家国者戒也。养犹待也。"④

毕宝魁先生进一步给出了实证分析：孔子之言"是针对南子和雍渠谄媚卫灵公"所发的"感慨"。"宦竖和姬妾都是国君身边争宠之人""都是国君豢养的人"，"这样

---

① 《论语·为政第二》。
② 《孟子·梁惠王上》。
③ 程树德，《论语集释》（第四册），中华书局 1997 年版，第 1244 页。
④ 刘宝楠，《论语正义》（下册），中华书局 1998 年版，第 709 页。

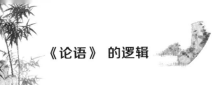

理解，极其合理顺畅。"①

　　然而，质疑朱子的学人更多。廖名春先生训"与"为"如"，其结论是：如小人一样的女子难养。亲近了，就会放肆无礼；疏远了，就会埋怨忌恨。②

　　牛多安先生训"与"为"支持、赞助"，"女子支持、赞助小人，与小人结党营私，小人便会肆无忌惮，远之近之都难以满足其私欲。""典型事例是鲁国庆父之乱。庆父是鲁庄公之弟，而与庄公夫人哀姜私通，结果引起了一连串的鲁难。"③

　　高喜田先生训"与"为"嫁与""参与"，结论则是："女子跟小人相处是很困难的。亲近了，他会无礼；疏远了，他会怨恨。"大有女怕嫁错郎之感慨。④

　　质疑朱子的学人们，一方面不满于其武断缩小"女子"之外延，一方面又不相信孔子真的会歧视天下的女性，所以不约而同选择了在"与"的训诂上下功夫。此外，还有些学人将"女"训为"汝"，将"子"训为"您"或"儿子"，组合出的意思有：您像小人一样难养；您的儿子像小人一样难养，等等。

（三）百家注解之评论

　　上述训诂，均有捉襟见肘之患。朱子顾义理而未能兼顾文辞之习惯用法。因为，"女子"一词并非唯指婢女，"小人"一词也并非唯指仆人。杨震可以断章取义，指"女子"为皇帝乳母，他只是借圣人之言为我所用；朱子则不可视"女子"为臣妾，他的使命乃是传圣人之本义。

　　质疑的学人既要顾义理又要兼顾文辞使用习惯，于是，要么偷换概念，变"女子"为"汝子"，要么训"与小人"为如小人、亲小人、嫁与小人。但是，"女子"若是"汝子"，那么，直接说"唯汝子为难养也"，岂不更加简洁？何必夹杂"小人"，难道"汝子"还够不上"小人"？而且，《论语》为语录体，称呼某人，必记其姓氏名字；隐讳之时，则记为"或"；断无泛泛而称"汝子"之例。

　　若说"与小人"为如小人、亲小人，那么，这个特定的女子，一定会"近之则不孙，远之则怨"吗？未必。例如曹雪芹笔下的王熙凤，贾母"近之"，不曾见她"不孙"；贾母"远之"，逼其与贾琏和好，也不曾见她"则怨"；这样的女子，心机也许更加深沉，更懂得察言观色呢。而且，孔子是老师，受众是男生，言辞必关乎克己而复礼，谈论如小人、亲小人之"女子"，难道没有跑题之嫌吗？

　　至于说"与小人"为嫁与小人，该男子"难养"，该女子承受"近之则不孙，远

　　① 毕宝魁，《〈论语〉"唯女子与小人为难养"本义辨析》，《辽宁大学学报》2010 年第 1 期。
　　② 廖名春，《"唯女子与小人为难养也"疏注及新解》，《人文杂志》2012 年第 6 期。
　　③ 牛多安，《孔子曰"唯女子与小人为难养也"释义》，《孔子研究》2002 年第 5 期。
　　④ 高喜田，《"唯女子与小人为难养也"考辨》，《天津师范大学学报》，2015 年第 4 期。

之则怨"的痛苦，不惟句子结构非常别扭，不惟孔子不会如是开示弟子，而且，孔子不可能罔顾事实，使用丈夫为妻子所"养"这样的词汇。而且，若所嫁与的"小人"如周幽王，讨好褒姒唯恐不及，又岂会"近之则不孙，远之则怨"？

五、断章取义之实证："女子小人，近之喜，远之怨，实为难养。"

秦始皇焚书坑儒后，经过楚汉战争而建立的汉朝，一边平定天下，一边收集民间藏书，建立五经博士，学人对先秦经典的解释，既有本义传承的，亦有望文生义、断章取义的。从史书上可以看到很多例子，此处仅举后汉杨震为例。

杨震年轻时有"关西孔子"的美誉，后来做了司徒，因为汉安帝放纵乳母王圣及其女儿伯荣，所以他上了一道奏折给汉安帝，其中说道："夫女子小人，近之喜，远之怨，实为难养。""宜速出阿母，令居外舍，断绝伯荣，莫使往来，令恩德两隆，上下俱美。"①

杨震学为鸿儒、职居首相，为说服汉安帝，暗引《论语》，他只取了其中两个要点：一者王圣、伯荣皆"女子"，二者两人秽乱朝政，"实为难养"。而并不是用孔子本章的原意，这就是古代读书人将所学典籍"断章取义"、为我所用的典型代表。

其实，假如有人唱反调，主张慰留两人，也可以同样引这段话，取其"远之则怨"。这就是典型的"赋诗断章，余取所求"② 手法。

所谓"赋诗断章"，就是朗诵一首诗，可以只取其中几句的意思，也可以取相似乃至相反的意思，只要对方能理解就行，因为诵诗主要是烘托气氛。可是，如果要完整解释并理解一首诗，就不能随意发挥，因为解释注重所要达到的目的，是对该诗所表达的意思和情感准确分析和把握。

同理，杨震即使知道"女子"指女孩，他也可以故意将其曲解为"后宫"，只要能达到把王圣母女赶出皇宫的目的。但是，如果研究、阐释孔子思想的人，仅从类似的文献中得到启示，乃至把"女子与小人"解释成"宫女与太监"，则会"差之毫厘，谬以千里"，其解释难免令人啼笑皆非，因为毕竟孔子没有与宫女、太监打交道的经验和机会。

以杨震为例，一是为了说明后世读书人、为政者常常会对先秦经典进行"断章取义"，通过自己的理解而达到为我所用的目的，灵活运用；二是为了提醒今人在阅读先

---

① 《后汉书·杨震列传第四十四》。
② 《左传·襄公二十八年》。

秦经典时，能够有所警觉，不要误将孔子之后的人的理解当成孔子本人所要表达的思想，以致发生逻辑论证上的"稻草人"谬误而不自知；三是杨震是在懂得孔子思想本义的基础上，所进行的"断章取义"之应用，完全不同于今天之有些学人，要么完全不懂孔子的思想，却在自以为是地批判孔子，要么借孔子之名贩卖自己的心灵鸡汤。两者乃天壤之别。能不慎乎？

新解二：《颜渊第十二·足食足兵民信之章》新解

　　子贡问政。子曰：足食，足兵，民信之矣。子贡曰：必不得已而去，于斯三者何先？曰：去兵。子贡曰：必不得已而去，于斯二者何先？曰：去食。自古皆有死，民无信不立。

　　对于本章，现有的多种版本的解释，都未能揭示其微言大义，即面对子贡不符合其身份的请教，孔子的回答所隐含的丰富意蕴。[①] 因此，有必要用"以经证经""知人鉴事""随宜训诂""还原历史"等方法，科学而严谨地呈现孔子师徒之间问学与答疑的画面。

一、"子贡问政"微言大义

　　所谓"政"，与士大夫、王公大人们的职责有关，所以成为其口边习用之语，意为政事、政令、政治、政教，究其核心，乃是利用一切手段，使民众行为端正。许慎《说文解字》说："政，正也。从攴（音'扑'）、从正，正亦声。""政"既是形声字，又是会意字：以手举物，敲打对方，为的是使其从不正趋向端正。

　　子贡的身份是"士"，向孔子请教如何为政，按理说再寻常不过。可是，对孔子来说，该不该作答，实在是一件犯难的事情。

---

　　① 傅佩荣，《解读论语》，上海三联书店 2007 年版；杨伯峻、刘殿爵，《中英文对照论语》，中华书局 2008 年版，第 208 页；刘琦，《论语》，吉林文史出版社 2006 版，第 88 页；宿正伯，《道不尽的论语》，中国文史出版社 2008 年版，第 229 页。

（一） 合宜之 "问政"

比如，"齐景公问政于孔子"，孔子根据其国君身份、根据其 "有马千驷" 却 "无德" 可 "称"（【16.12】）之毛病，如是而 "对曰：君君，臣臣，父父，子子"（《论语·颜渊第十二》）。做别人的国君，端正民众，自己就要像个国君的样子；做别人的父亲，教化子女，自己就要像个父亲的样子。

再如，"仲弓为季氏宰"，向孔子 "问政"。孔子知道他德行好，所以只针对他的职守提建议："先有司，赦小过，举贤才。"（《论语·子路第十三》）作为季氏的宰辅，首先，要明确各级官员的权责，让他们替你把事情做好；其次，对待下属，一定要避免求全责备；再次，把贤能的人选拔上来，如此而已。

又如，"子夏为莒父宰"，也向孔子 "问政"。孔子这次的回答是："无欲速，无见小利。欲速则不达，见小利则大事不成。"（《论语·子路第十三》）孔子针对子夏的教诫自有其历史背景。《春秋·定公十四年》记载："城莒父及霄。"鲁国在 "莒父及霄" 这两个地方开始修筑城墙，于是子夏受命出任莒父邑宰。为什么要修城呢？因为当时西北方向的晋国发生了内乱。隐隐然，鲁国的执政者想以此为据点，帮助其中的某一方，故子夏上任，随时有面对战争的风险。孔子说："善人教民七年，亦可以即戎矣。""以不教民战，是谓弃之。"（《论语·子路第十三》）编撰者将这两章置于其后，是有原因的。它们巧妙地补充解释了 "无欲速，无见小利" 的真实意思，那就是提醒子夏：不要趁晋国内乱，谋求鲁国所谓的利益；也不要希求民众，短时间内成为训练有素的军人。

孔子曾说："不在其位，不谋其政。"（《论语·宪问第十四》）齐景公、冉雍、卜商皆有其 "位"，所以与孔子 "谋其政"，而孔子则有的放矢，故无虚言。由此可见，《论语》的每一篇内每一章的排列顺序都是经过深思熟虑的结果。

（二） 不合宜之 "问政"

比如，"子张"，这个小孔子四十八岁的年轻人，一边还在请教孔子怎么去 "干禄"（《论语·为政第二》），这会儿也来 "问政"，实在有些名不正而言不顺；孔子针对其好高骛远的毛病，给出的忠告是："居之无倦，行之以忠。"《论语·颜渊第十二》意思是任何时候，都要做到忠于职守啊！言辞之间，不无揶揄之气息。编撰者则毫不留情，口诛笔伐，接下来的两章是："子曰：博学于文，约之以礼，亦可以弗畔矣夫。"谴责子张无自知之明、做不到 "非礼勿言"。"子曰：君子成人之美，不成人之恶；小人反是。"孔子迁就他，不过是成其美、不成其恶罢了。子张之过，过在无政而问政，故难免越俎代庖之讥。

与子张类似，子路对待孔子可能要治丧的标准，不能依礼而行。"子疾病，子路使

门人为臣。病间，曰：久矣哉，由之行诈也！无臣而为有臣，吾谁欺？欺天乎？"（《论语·子罕第九》）孔子病重的时候，子路自作主张，按大夫的规格预备丧事，指定治丧家臣。等病情好转，孔子便公开批评道：子路长久以来行的是诈，而我欺的是天哪！我现在没有大夫身份，哪里有资格配备家臣呢？在孔子看来，子路的错误，错在"无臣而为有臣"，根子上则是未能"思不出其位。"（《论语·宪问第十四》）

现在，子贡也来"问政"。他有什么样的"政"要"问"呢？孔子去世之前，子贡并无为政经历，之后虽"常相鲁、卫"（《史记·仲尼弟子列传》），也不过身居客位，出出主意而已。可见，一句"子贡问政"已经隐含"大义"：子贡"问政"非礼。

那么，子贡为何要"问政"呢？以他的年龄（小孔子三十一岁）、以他的口才，足以出仕；可以出仕而不肯出仕，足见其不屑于出仕；不屑于出仕而"问政"，足见其自负之心：我若改变主意而出仕，夫子以为我该怎么去为政？

子贡的这种自负心理，一如他问孔子："赐也何如？"孔子答："女，器也。"又追问："何器也？"孔子也只能说："瑚琏也。"（《论语·公冶长第五》）意谓宗庙之重器。

二、"子曰：足食，足兵，民信之矣"训释

孔子曾说："可与言而不与之言，失人；不可与言而与之言，失言。知者不失人，亦不失言。"（《论语·卫灵公第十五》）孔子该如何回应子贡的"问政"呢？若不接他的茬，等于抛弃了可用之才，毕竟子贡才堪为政；若接他的腔，又等于浪费言辞，毕竟子贡眼前无政。

孔子当然会既"不失人，亦不失言"。子贡的名分是"士"，但他"问政"时所从事的事业是"商"。《史记·仲尼弟子列传》说："子贡好废举，与时转货资。"意思是他喜欢观察时变，把人们贱卖的货资收储起来，转运到其他地方，高价出售因此而"家累千金"。孔子亦感叹："赐不受命，而货殖焉，亿则屡中。"（《论语·先进第十一》）意为：子贡不受天命为"士"而为"商"，转运货资取其增殖之利，屡臆而屡中。

既如此，孔子若"在商言商"，则不"失人"；以商政喻士政，则不"失言"；故他答曰："足食，足兵，民信之矣。"其隐喻是：治国好比经商啊，管理你的商队，能提供丰足的衣食、能提供充足的甲兵，那些你招徕的伙计民众，自然会相信你、跟着你走。

（一）商主非"足食，足兵"，不能使商"民信之矣"

作为商主，组织并管理商队，首先必须提供丰足的衣食。比如，周人祖先公刘，

带领周民从邰（音"台"）迁徙到豳（音"宾"），就是"乃裹糇粮，于橐于囊"。把炒熟的干粮装进袋子里，然后才"爰方启行"（《诗经·大雅·公刘》），按预定的路线启程。

若没有丰足的衣食，一旦遇到天灾人祸，则有性命之忧。比如，"在陈绝粮。从者病，莫能兴。"（《论语·卫灵公第十五》）孔子及弟子们碰到战乱，困于陈、蔡之间，干粮吃完了，饿得无法站起来。又如，"初，宣子田于首山，舍于翳桑，见灵辄饿，问其病。曰：不食三日矣。"（《左传·宣公二年》）赵盾到首山打猎，在桑荫下停歇，遇到了日后救他的灵辄，断粮三天，也是饿得无法站立。

所以，庄子说："适莽苍者，三飡（音'孙'）而反，腹犹果然；适百里者，宿舂粮；适千里者，三月聚粮。"（《逍遥游第一》）到郊外，带上足以吃三次的剩饭也就够了；到百里之外，就得准备吃一天以上的干粮；到千里之外呢，那就要提前三个月开始舂粮炒米，磨粉烙饼。对于子贡，作为商主，走得越远，利益越大；对于商民，走得越远，风险越大；故没有丰足的衣食，商主无法使商民信从。

此外，缺乏充足的甲兵，商主也不能使商民信从。比如，《左传·昭公二十年》记载："郑国多盗，取人于萑苻（音'环符'）之泽。"子产临终前，以水火为喻，"夫火烈，民望而畏之，故鲜死焉。水懦弱，民狎而玩之，则多死焉。"嘱咐子大叔施猛政而打击，但子大叔"不忍猛而宽"，导致局面不可控制，最终"兴徒兵以攻萑苻之盗，尽杀之，盗少止"。郑国地处中原，当时尚且多劫盗之人，其他国家经商道路之不平，可以想见。

又如，《左传·襄公三十一年》记载，"子产相郑伯以如晋"，而晋侯"未之见也。子产使尽坏其馆之垣而纳车马焉"。晋国大夫士文伯于是责让子产，"敝邑以政刑之不修，寇盗充斥"，所以"厚其墙垣，以无忧客使。今吾子坏之"，必须给个说法。子产的辩词是，从前提供的馆舍宽敞，装载礼物的马车能进去，故"不畏寇盗，而亦不患燥湿"，现在则"门不容车"而"盗贼公行"，所以只好拆除贵国馆舍的围墙"而纳车马"，以保证礼物的安全。可见，作为诸侯霸主的晋国，连首都也不敢自诩绝对安全。

再如，《庄子·盗跖》以卮言调侃孔子时，这样描述大盗柳跖（音"直"）："孔子与柳下季为友，柳下季之弟，名曰盗跖。盗跖从卒九千人，横行天下，侵暴诸侯。穴室枢户，驱人牛马，取人妇女，贪得忘亲，不顾父母兄弟，不祭先祖。所过之邑，大国守城，小国入保，万民苦之。"这样的流寇盗贼，敢于公然洞穿墙壁、撬开大门，则勇于劫夺过往商队，自是不言而喻矣。故商主为保障货物安全，必须预备足够的武器装备；而商民为保障人身安全，亦必须得到坚固的铠甲兵杖，才肯信从商主而远行。

（二）商主“足食，足兵”，足以使商“民信之矣”

在孔子所处的时代，为何商主能“足食，足兵”，商民就会欣然信从他呢？

一者，伴随着井田制瓦解，相当多的农民变成了流民或说流氓。孔子的前辈管仲“相地而衰征”（《国语·齐语》），按土地肥瘠征收差等的租税；孔子的父母之邦鲁国进而实行“初税亩”（《春秋·宣公十五年》），按实际种植田亩而征地税；土地私有及土地买卖被默许。由此导致土地兼并，部分农民失去井田，而生产工具改进、种植技术提高，耕作同样数量的井田，已无需同等数量的农民。故有些农民被迫永久性离开井田，成为流民。例如《诗经·卫风·氓》写道：“氓之蚩（音‘吃’）蚩，抱布贸丝。”年轻的流民嗤拙而不失幽默，怀抱布匹或布币来交换蚕丝。氓者，正是失地流亡之民也。

二者，因为农业手工业发达、道路开辟、货币广泛流通、工商食官制度废弃，商贸业可以吸纳大量流民。比如，“太公劝其女功，极技巧，通鱼盐，则人物归之，繦至而辐凑。”（《史记·货殖列传》）姜太公鼓励蚕桑及纺织业、渔业盐业发展，来齐国贸易的商人及货车便络绎不绝。

相应地，商人转运货物，日益便利。比如，“君子来朝，言观其旂（音‘旗’）。其旂淠淠（音‘佩’），鸾声嘒嘒（音‘慧’）。载骖载驷，君子所届。”（《诗经·小雅·采菽》）君子们乘坐三马、四马拉的车前来朝拜天子，作者看到的是龙旗飘飘、鸾声锵锵。此时，不惟马车制作技术成熟，道路四通八达亦不待言。

伴随着交易规模扩大，货币开始流通，商贸机会越来越多。比如，管子说：“黄金刀币，民之通施也。”“人君铸钱立币，民庶之通施也。”“先王为其途之远，其至之难，故托用于其重，以珠玉为上币，以黄金为中币，以刀、布为下币。”（《管子·国蓄》）先王按照稀有贵重程度，以珠玉为上等货币，以黄金为中等货币，以青铜铸造的刀币、布（形如镈钟）币为下等货币。由于各国铸造的形状各异的铜钱，已经成为民众通行的支付手段，实物交易的难以撮合、难以计算、难以转运便得到了突破，使商贸规模加速膨胀。流民们参与其间，获得合理收入，显然是不错的选择。

工商食官制度的废止，则消除了流民们进入商贸业的最后一道门槛。比如，子产为劝导韩宣子，不要强买商人玉环，引用了郑桓公与商人之间的誓词，“尔无我叛，我毋强贾，毋或丐夺。尔有利市宝贿，我勿与知。”（《左传·昭公十六年》）只要你不参与叛乱，规规矩矩做生意，国家决不会强买强夺，也不需要你上报利润及财产。可见，传统工商仰食于官府之成规，早已破冰（“工商食官”出自《国语·晋语》）。商人既有人身自由又有买卖自由，流民投身商贸，已经没有准入壁垒。

三者，趋利避害之本性，必然促使流民优先选择商贸业。太史公说：“夫用贫求富，农不如工，工不如商，刺绣文不如倚市门，此言末业，贫者之资也。"（《史记·货殖列传》）摆脱贫困，务农不如做工，做工不如经商；刺绣则不如卖娼。他的逻辑是：越是技术含量高的职业，收入越高；越是人身风险大的职业，收入越高；越是没人愿意干的职业，收入越高。对流民来说，手艺活比较难学，而生命期许值本来较低，若有机会一夜暴富，风餐露宿也好、盗贼当前也罢，经商一途都值得一试。于是，"其流至乎士庶人，莫不离制而弃本，稼穑之民少，商旅之民多。"（《汉书·货殖传》）管仲自述"吾始困时，尝与鲍叔贾，分财利多自与，鲍叔不以我为贪，知我贫也"（《史记·管晏列传》）；而齐桓公麾下的另一名臣宁戚，当年则是加入商队，驾驶货车，从卫辗转至齐（"宁戚欲干齐桓公，穷困无以自进，于是为商旅将任车以至齐。"出自《吕氏春秋·离俗览》）。

因为上述缘故，子贡作为商主，能"足食，足兵"，当然能使商"民信之矣"。以此类推，他日转而为政，亦依葫芦画瓢，实不难矣！孔子对子贡的教导，一语而双关，极为高明！

三、"子贡曰：必不得已而去，于斯三者何先？曰：去兵。子贡曰：必不得已而去，于斯二者何先？曰：去食。自古皆有死，民无信不立"训释

子贡经商，"废著鬻（音'遇'）财于曹、鲁之间，七十子之徒，赐最为饶益。"（《史记·货殖列传》）他自然懂得孔子话中之话，也知道孔子在打趣他。但他自以为抓住了孔子的语病：治理国家是为了共同利益，你要令行禁止，就必须展示诚信，把所有意图公之于众；而管理商队，是为了个人利益，你通常不会为了显示诚信，把商业机密毫无保留地告诉伙计们。两者怎么可以类比呢？于是，他开始反击：若"足食，足兵"就可以了，是不是为政可以不昭示诚信呢？子贡的反击很巧妙，隐藏于反问之中：假如我不能同时做到足食、足兵、足信，那么首先舍去哪一项呢？

孔子当然不会说舍去诚信，答曰舍去甲兵；子贡不甘心，继续追问，答曰舍去衣食；最终，孔子亮出了底牌，诚信于一切时，皆不可舍去。"自古皆有死，民无信不立"应该是引用古谚，既对仗又同韵，意为：自古以来，有信无信，皆归一死，似乎没有差别。然而，无信之人，必不能如有信之人，安然走完人生之旅程。在《论语》中，孔子也曾说："人而无信，不知其可也。大车无輗，小车无軏，其何以行之哉？"（《论语·为政第二》）輗与軏，乃车辕与车衡相衔接之活销，没有它，马车无法前行；同理，没有诚信，人又凭借什么在人生的道路上、在人类社会里行走呢？文辞虽别，

理趣一致。

在孔子看来，为政当以诚信为本，经商亦以诚信为本。由于这一论点是因子贡之问而引发，可见孔子此前的策略是引而不发，等待子贡举一反三：足食足兵，民信从之后，其实还有更艰巨的任务。冉有曾说："方六七十，如五六十，求也为之，比及三年，可使足民；如其礼乐，以俟君子。"（《论语·先进第十一》）可见，那任务便是教民以孝悌忠信仁德，教民以礼乐。只不过子贡没有那样的理想，没有继续追问，孔子也就不浪费言词罢了。

四、实证分析：白圭的经商之道

《史记·货殖列传》说"天下言治生祖白圭"，天下人谈论经商之道，言必称白圭。那么，他怎么经商？又怎么管理自己的商队呢？

"白圭，周人也。当魏文侯时，李克务尽地力，而白圭乐观时变，故人弃我取，人取我与。"白圭为战国时期东周洛阳人。魏文侯的首相李克，站在国家的立场上，致力于使农民愿意种地。他的办法是：丰年则"平籴（音'笛'）"（《汉书·食货志上》），以平价买入农民手中的余粮，饥年则"粜（音'跳'）之"，平价卖出收储的余粮。"故虽遇饥馑水旱，籴不贵而民不散，取有余以补不足也。"其结果是，"行之魏国，国以富强。"白圭站在商人的立场上，目的不是平抑物价，而是营利。他经商的原理同李克一样：人们贱卖的东西，我买下来；人们愿意高价买入时，我卖出去。

其具体的做法是："夫岁孰取谷，予之丝漆；茧出取帛絮，予之食。"谷物收获的时候，买进农民的粮食，卖给农民所需要的丝织品乃至油漆等等；蚕茧缫（音"骚"）丝的季节，则买进蚕农的丝帛及丝絮，卖给蚕农所需要的粮食。"欲长钱，取下谷；长石斗，取上种。"商人要使钱财增长，买进下等的谷物就行了，低价卖出，买的人多，可以薄利多销。而农民要增产一石（音"担"）一斗，则必须购买上等的良种。

他以这样的理念管理自己的伙计们："吾治生产，犹伊尹、吕尚之谋，孙吴用兵，商鞅行法是也。是故其智不足与权变，勇不足以决断，仁不能以取予，强不能有所守，虽欲学吾术，终不告之矣。"他说："我积累财富的过程，就好比伊尹吕尚用谋，孙子吴起用兵，商鞅行法，归纳起来就是仁智勇强。凡是达不到四条的人，想学我的具体经商方法，我终究不会告诉他。"

所谓仁，就是可以取利的时候，不妨取利；应该让利的时候，必须让利。因为仁慈，他"能薄饮食，忍嗜欲，节衣服，与用事僮仆同苦乐"。自己节约，故能惠及客户、惠及伙计。所谓智，就是要懂得权变。例如，他观察到，作为岁星的"太阴"木星，在十二年一个周期的轨道上运行。"在卯，穰（音'壤'）；明岁衰恶。"运行到卯位，当年丰收，明年歉收。"至午，旱；明岁美。"运行到午位，当年干旱，明年丰收。"至酉，穰；明岁衰恶。"运行至酉位，当年丰收，明年歉收。"至子，大旱；明岁美，有水。"运行到子位，当年大旱，明年丰收，但有大水。"至卯，积著率岁倍。"所以，当岁星运行到卯位时，他囤积的货物大体要超出常年一倍。由此可见，天时、地理、人事，一切都在变化之中，只有"乐观时变"，才能审时度势，"故人弃我取，人取我与。"所谓勇，就是要能够决断。看到机会，就不能有丝毫犹豫，"趋时若猛兽鸷鸟之发。"所谓强，就是要坚决守住底线。"商鞅行法"，首先徙木而立"信"（《史记·商君列传》）；"孙吴用兵"，将帅必"智、信、仁、勇、严"（《孙子兵法·计篇》）。可见，白圭所说之"强"，必定指向诚"信"。

在白圭眼里，合格的商主已经不是唯利是图的商人，而是人格完美的领袖。对于商民，当然要"足食，足兵"，不然，无以显示其"仁"；更要"信"，堂堂正正地做生意，哪里用得着欺瞒伙计呢？

五、本章朱子训诂之辨正

朱子注此章，心中犹疑不决，且擅自增加一句"然后教化行"而不符合孔子本意。

"子贡问政。子曰：足食，足兵，民信之矣。"朱子注曰："言仓廪实而武备修，然后教化行，而民信于我，不离叛也。"（《论语集注》）

因为不知道孔子以治理商民而隐喻治理人民，也不知道孔子对于子贡采取的是引而不发策略，朱子以"仓廪实"解"足食"、"武备修"释"足兵"之后，感觉即便做到了这两点，也不足以使人民"信于我"而"不离叛"，所以自己加了一句"然后教化行"，意为：使人民衣食丰足、兵精械良，再加上礼乐、仁义教化，如此，人民必定相信我而不背叛我。

朱子擅自增删，其实犯了训诂大忌，但他注意到足食足兵之后还须教化，足见其深刻。

朱子另一可贵之处是，顶住了前代学人的压力。比如，皇侃说："食为民本，故先须足食也。时浇复须防卫，故次足兵也。虽有食有兵，若君无信，则民众离背，故必使民信之也。"（《论语义疏》）他把"足食""足兵"与"（君主显示诚信从而使）民信之矣"当作三个平行的目的，以与后文的"三者"相称。单从前后文的逻辑关系看，这样理解自然可以成立；但从语言习惯看，子贡第一时间的反应一定同于普通人："足食""足兵"明显并列，属为政者所种之因，"民信之矣"则为所得之果。所以，皇侃未免望文而生义、倒果而为因。而且，依皇疏，孔子把话说尽了，但事实上为政之道

又不止此，反而显得孔子不智，亦不知引而不发，循循善诱。而且，依皇疏，子贡之机巧善辩亦无从体现。若食、兵、信三者并列，皆不可少，子贡决不会傻到问其孰轻孰重，一如文、质相依，棘子成居然说"君子质而已矣，何以文为"（《论语·颜渊第十二》），子贡立刻抢白道"惜乎，夫子之说君子也，驷不及舌"！正是因为孔子只论"食、兵"而不及诚"信"，所以方能彰显子贡的才思敏捷和利口巧辩。他转变话题，提出了现代人亦面临的问题：给员工足够的薪水、五险一金的保障，是不是就足够了呢？老板要不要对员工讲诚信呢？也多亏子贡这一反问，孔子"叩之以小者则小鸣，叩之以大者则大鸣"（《礼记·学记》）。诚信不可须臾离身，警钟奏响矣！

"子贡曰：必不得已而去，于斯三者何先？曰：去兵。"朱子注曰："言食足而信孚，则无兵而守固矣。"意思是：我能足民之食，又能取信于民，即使缺少武备，民众本身就是捍卫我之军队兵杖，故国家不可倾覆。朱子不知子贡同样是以经商隐喻治国：给伙计们足够的衣食和兵械，欺骗他们，做非法的生意、去危险的地方，行不行呢？

韩信之死给出了答案。井陉（音"行"）口一战，背水而阵，一举灭赵，他自诩为"驱市人而战之"，必"陷之死地而后生，置之亡地而后存（《史记·淮阴侯列传》）"。他能足兵之食、足兵之兵，但他习惯于欺诈。虽然说兵不厌诈，出于不得已，可用多了，必不为人所信。所以，尽管他希望见信于汉高祖，结果却是在被吕后处死后，高祖回朝，"见信死，且喜且怜之。"人之诚信，护身之本，岂可弃乎！

"子贡曰：必不得已而去，于斯二者何先？曰：去食。自古皆有死，民无信不立。"朱子注曰："民无食必死，然死者人之所必不免。无信则虽生而无以自立，不若死之为安。故宁死而不失信于民，使民亦宁死而不失信于我也。"朱子不知"自古皆有死，民无信不立"乃谚语，未能抓住要害，解释未免晦涩；若注为"人谁不死啊！可无信能得好死吗"，意思更为明晰。孔子在此处引用古谚回答子贡的提问，隐然断章而取义，揭示为政者决不可失去诚信。我以诚信待民，即便不能足兵、足食，亦必有民追随于我。

古公亶父，周文王之祖父，便是榜样。当时，族名薰育的"戎狄攻之，欲得财物，予之。已复攻，欲得地与民。民皆怒，欲战。"古公曰："有民立君，将以利之。今戎狄所为攻战，以吾地与民。民之在我，与其在彼，何异。民欲以我故战，杀人父子而君之，予不忍为。"于是"乃与私属遂去豳，度漆、沮，逾梁山，止于岐下。豳人举国扶老携弱，尽复归古公于岐下。及他旁国闻古公仁，亦多归之"（《史记·周本纪》）。

朱子画蛇添足，多注了一句："使民亦宁死而不失信于我也。"谚有云："好死不如赖活。"怎么能要求民众无兵、无食，"宁死而不失信于我"呢！朱子应该是想弥缝与前代学人的分歧，所以又说："愚谓以人情而言，则兵食足而后吾之信可以孚于民。"这是他的本意。"以民德而言，则信本人之所固有，非兵食所得而先也。是以为政者，当身率其民而以死守之，不以危急而可弃也。"这显然是朱熹揣度皇侃先生的意思："信"是人本有之德性，为政者若能宁死而不背"信"，就能使民众宁死而不失信于自己。朱子不想强皇侃之难，没料到结果却是强孔子之所难。可见，不知其人、不鉴其事，欲解孔子、子贡师徒之真意，实难矣！

六、结束语

解读《论语》的任何一章，都需要注意几个方面：第一，必须知其人、鉴其事。孔子根据子贡所从事的商贸活动，来回答他的"问政"，有针对性而不悬空。第二，必须明白孔子的表达技巧。孔子善用古谚隐喻或比兴。第三，了解孔子的教学方法。"举一隅不以三隅反，则不复也。"（《论语·述而第七》）第四，懂得孔子与他的学生之间的相处模式。一方面，孔子是既严肃又活泼的，既要"君子思不出其位"，又要借机启发学生；另一方面，学生的巧问是激发老师的重要途径。例如，"子曰：起予者商也！始可与言诗已矣！"（《论语·八佾第三》）子贡、子夏都是有巧思而善问的学生。而孔子是"善待问者，如撞钟，叩之以小者则小鸣，叩之以大者则大鸣"（《礼记·学记》）。反观市面上所有的解读都是停留在肤浅的字面意思，属于典型的望文生义。①

---

① 例如杨伯峻《论语译注》是这样解读的："子贡问怎样治理政事。孔子道："充足粮食，充足军备，百姓对政府就有信心了。"子贡道：如果迫于不得已，在粮食、军备和人民的信心三者之中一定要去掉一项，先去掉哪一项?"孔子道："去掉军备。"子贡道："如果迫于不得已，在粮食和人民的信心两者之中一定要去掉一项，先去掉哪一项?"孔子道："去掉粮食。没有粮食，不过死亡，但自古以来谁都免不了死亡。如果人民对政府缺乏信心，国家是站不起来的。"

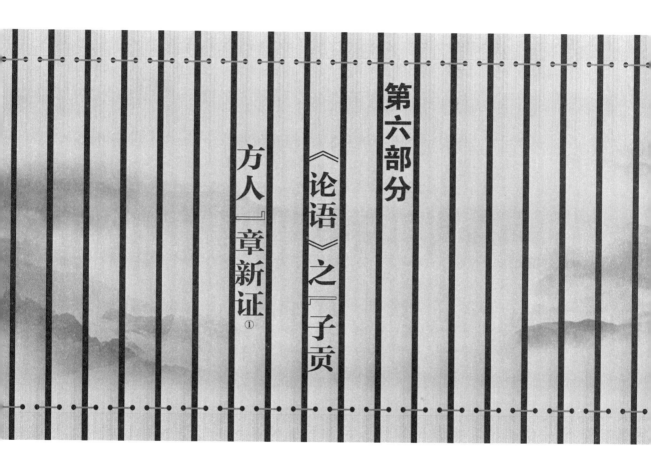

第六部分

《论语》之「子贡

方人」章新证①

---

① 此文作者韩桂君、刘纯泽，首发《原道》第37辑，（2019年11月）。纳入本书时略有修改。

一、引言

《论语》流传千古，是公认的中华文化之重要典籍，完整、全面、集中地反映了孔子的哲学思想、政治思想和教育思想。在当前大家迫切需要又束手无策的"生命教育"课题上，《论语》提供了简明扼要而完整生动的架构。① 后世研究注释《论语》者不计其数，对其每一章都有众多名家解读。其中部分篇章的含义及理解运用，学者之间已经达成了共识，但大多数篇章仍存在注释各异的现象。虽然不应排斥创新及"断章取义"的灵活运用，但是对于以探寻《论语》各章之本义的学术研究来说，人们仍希望学者能给出令人信服的唯一解释，此要求并不为过。《论语·宪问第十四》之"子贡方人"章即为适例。本章内容除去标点，仅十六字："子贡方人。子曰：'赐也，贤乎哉？夫我则不暇。'"因前贤对之注释各异，后学者不知道该如何取舍，故有必要重新论证该章，给出确定无疑的阐释。

二、先贤错误训诂本章的主要缘由

（一）望文生义

根据文字解读古典文献是最一般的方法，也是常见的方法，在古今字义用法差别不大的情况下，望文生义是完全可以采用的最经济之解释方法。例如自然界中花草鸟兽虫鱼之名、江河湖海之名，以及一些变化不大的专有名词等，当采用文义解释不影响对文献所承载思想认知时，望文生义是一种合适的解读方法。

但是，在古今字义变化太大，甚至一些文字的古义用法在现代社会完全消失了的情形下，则不能望文生义，否则就会完全曲解典籍所要表达的思想，既冤枉先贤又误导今人，乃双重罪过，能不慎乎？例如"唯女子与小人为难养也"之中的"女子"与"小人"，就是因为望文生义而严重曲解的典型，尤其是"小人"的古义中有"小男孩"之义项，在今天已经消失了。② 许多解读者都将"小人"理解为品德败坏的人，

---

① 参见傅佩荣，《解读论语》，上海三联书店 2007 年版，前言第 1 页。
② 参见韩桂君、刘纯泽，《"唯女子与小人为难养也"新解》，《原道》第 2 辑（2016 年）。

如朱熹，也有很多人对"小人"不再解释，当然取其贬义。① 还有"君子"一词也极易因望文生义而导致错误解读《论语》。实际上，"君子"一词在《论语》的不同语境下有不同义项。大多数情况下《论语》中的"君子"是指"为政者"，这些为政者可能有德，也可能无道无德。今天大部分人不分语境和场合，都直接将其解读为"有德行的人"，造成了对《论语》思想认知的混乱。更为严重的是，大家都放任这种随意解读而不愿意审问慎思以正本清源，导致流弊日甚。

前人对"子贡方人"章的解读中，就不乏望文生义之谬误，比如看到其中有"贤"字，就认为孔子赞赏子贡方人。

（二）主观臆测

此类解读《论语》者，大多有一个前提认知：《论语》是两千多年前的文献，今天我们根本没有办法弄懂其本义，所以每一个人都可以根据自己的感受来理解和运用《论语》。这种态度一方面回避了一个艰巨的任务：孔子思想到底是什么？如何论证其思想？另一面打开了主观臆断、任意解释的方便之门，于是对《论语》都可以从自己的角度发表感悟，实际上只是解读者对自我人生的思考或者为社会提供心灵鸡汤，根本不关心是否是孔子的真实思想。即使口若悬河、舌灿莲花，也只是一时喧嚣而已，前几年在百家讲坛中关于《论语》的节目即为适例。

主观臆测是解读者按照自己的经验、获得一个认知，觉得很符合《论语》中的某一段话，就牵强附会成孔子思想。这与望文生义不同。例如《论语·子路第十三》第一章"子路问政"："子曰：先之劳之。请益。曰：无倦。"杨伯峻先生在其《论语译注》中将"劳之"的"劳"字解释为"让他们勤劳地工作"，② 这种解释令人困惑："劳"究竟是"勤劳地"呢还是"工作"呢？一个"劳"字不可能既作为副词，又作为动词。由此可见，杨伯峻先生在对"劳之"译注时，将其已有的"人们应该辛勤地劳作"之经验认知，牵强附会成孔子所说"劳之"之含义，存在有主观臆测之嫌疑。这种理解"劳之"，一方面与"先之"的表达方式不一致，另一方面"劳"有很多义项，如勤劳、劳作、慰劳、犒劳等，为什么这里的"劳"不能是"慰劳""犒劳"呢？

"子贡方人"章中有孔子说"夫我则不暇"，就断定孔子批评子贡，不赞同子贡方人，却又没有充分的论证，主观臆测成分较重，即使孔子真的是在批评子贡方人，也讲不出道理。试问我们人生在世，谁不方人啊？那么孔子为什么要批评子贡方人呢？

---

① 傅佩荣，《解读论语》，上海三联出版社 2007 年版，第 270 页；杨伯峻，《论语译注》，中华书局 1980 年版，第 191 页；宿正伯，《道不尽的论语》，中国文史出版社 2008 年版，第 333–334 页。

② 杨伯峻，《论语译注》，中华书局 1980 年版，第 133 页。

因此，主观臆测的注解就很难说服人。

（三）忽视章序逻辑

多数学者研读或者注释《论语》，都忽视了或者根本从来没有思考过从篇序和章序的内在结构角度进行解读，其原因是都接受了一种关于《论语》是语录体，其编排无论是在篇与篇之间，还是在每一篇的章与章之间都是无逻辑无顺序的论断。这种论断显然经不起推敲。首先，众所周知，孔子博学多才，是古典文化的集大成者，其弟子也是在春秋时期非常优秀，在德行、文学、言辞、政事等方面很有成就的。那么，他们在编纂《论语》时，难道就没有想到运用明晰的逻辑使读者畅晓其意吗？试想，不论古代还是现代一个普通人说话都要有逻辑，才能与他人进行交流，更何况是孔子及其优秀的弟子呢？其次，今天的任何一个学者在用文字表达思想时，不论是否严密，也都要考虑主题、篇章布局和论证结构。由此推知，古代学人著书无逻辑的说法是不成立的。再次，在古代已经出现了"名家"，在辩论中自有其逻辑。即使与我们今天所讲的逻辑不完全相同，也必然有那个时代的人所能共同理解的交流逻辑，否则不可能形成有深度、有体系的思想交流。因此，《论语》二十篇之间是有内在逻辑的，[①] 每一篇内部的章与章之间也是有逻辑的。

如果有读者经过理性检验，接受上述论证及结论，希望探究和了解《论语》篇序与章序，那么就有更多的天才投入科学研读《论语》方面来，《论语》研究和注释必将开启新局面，增强其科学性和逻辑性，孔子思想也将更全面、有体系、有逻辑地呈现出来，很有可能在孔子思想研究方面达成更高的共识。

对"子贡方人"章的解读，前贤们都没有运用篇序逻辑和章序逻辑，来严谨地探索孔子本意，着实令人遗憾。因此，借助章序间逻辑方法来重新论证本章，得出唯一结论，不失为一种科学探索。此外，还有一大问题就是，在训诂过程中，有多个义项时做不到随宜训诂。关于此点，下文将举出具体例证，此处暂且按下不表。

三、朱子训诂本章及其同异诸说

（一）朱子之训诂

朱子说："方，比也。"所谓"方人"，就是"比方人物而较其短长"。[②] 意思有两层：一是如同拿尺子比物，可以较量物之长短，用自己心目中的标准方人，其人愚智、

---

① 刘纯泽，《〈论语〉篇序传》，《孔子研究》2004年第2期。
② 朱熹，《论语集注》，中国社会出版社2013年版，第86页。

贤不肖自然立显；二是以某个人为尺度去比方其他的人，其他的人美恶、妍丑顿然立判。

"方人"到底好不好？朱子揣摩孔子的态度，应该是不可一概而论，所以朱子继续说道："虽亦穷理之事，然专务为此，则心驰于外，而所以自治者疏矣。"[1] 因为没有比较就没有鉴别，没有鉴别就不知取舍，不知取舍就成不了君子，所以"方人"未可或缺。然而眼睛总盯着别人，心里品头论足，口中蜚短流长，哪有时间和精力自我修德进业以止于至善呢？因此"方人"必然会放松自我修治，甚至流于尖酸刻薄。

那么，对于子贡方人，该如何评价呢？朱子对孔子文辞的领会是："故褒之而疑其辞，复自贬以深抑之。"[2] 即所谓"赐也贤"，是"故褒之"；所谓"乎哉"，是"疑辞""疑其（之）辞"；所谓"夫我则不暇"，是"复自贬"，目的是"以深抑之"。朱子这么说来，对于端木赐（字子贡）"方人"之做派，不为孔子所待见，明矣！

（二）朱子之同训与异训

朱子之训诂，自有其传承。汉朝的孔安国说："（子贡）比方人也。（孔子）不暇比方人也。"（何晏《论语集解》）南朝皇侃的发挥更具体："子贡以甲比乙，论彼此之胜劣者也。"（《论语义疏》）杨伯峻先生对本章的译文是："子贡讥评别人。孔子对他道：你就够好了吗？我却没有闲工夫。"[3] 译文之外，未见杨伯峻先生关于孔子是批评还是赞许子贡提出个人看法。不过，根据其译文的用语来看，似乎能够看出孔子对"子贡方人"有批评之意。因此，列为与朱子同训者。另外杨伯峻先生在《论语译注》中注释"方人"时同样引用了汉朝郑玄的注释："郑玄注的论语作'谤人'，谓言人之过恶。"杨伯峻先生貌似又没有反对郑玄赞同子贡批评他人过错之肯定态度，因此显得有些模棱两可。

与朱子异训者，在他之前有汉朝的郑玄，其注本写"方人"为"谤人"，其注释谓"言人之过恶"。[4] 清朝另一学者钱坫（音"店"），在其《论语后录》中对此有个推导："方"通"旁"，因为书经中"方鸠"有的写作"旁逑"；而"谤"字从"旁"，故"方"通"谤"。[5] 唐朝的韩愈则别具一格，认为所谓"赐也贤乎哉"，乃"善子贡能知我比方人耳"（见《论语笔解》）；所谓"夫我则不暇"，则是自谦，"复云不暇者，终自晦也"；反推"子贡方人"，意思是子贡像我一样，总拿自己与君子们相比。

---

① 朱熹，《论语集注》，中国社会出版社 2013 年版，第 86 页。
② 朱熹，《论语集注》，中国社会出版社 2013 年版，第 86 页。
③ 杨伯峻，《论语译注》，中华书局 1980 年版，第 155 页。
④ 刘宝楠，《论语正义》，中华书局 1990 年版，第 588 页。杨伯峻《论语译注》亦引郑玄注释。
⑤ 程树德，《论语集释》，中华书局 1990 年版，第 1012 页。

"果如韩愈此解，孔子岂不是待见子贡，深许之也！"朱子之后，清朝的刘宝楠也不同意朱子。他雄辩道："夫子尝问子贡与（颜）回孰愈（【5.9】）？又子贡问子张与子夏孰愈（【11.16】）？夫子亦未斥言不当问，是正取其能比方人也。此文何反讥之？"① 按照刘宝楠先生的理解，"方人"是毁谤人、谏责人、端正人，与郑玄同义。他还进一步证实，"谤"并非后世空穴来风之诽谤，如《国语》中"厉王虐，国人谤王"，"皆是言其实事，谓之为谤。""谤谓言其过失，使在上者闻之而自改，亦是谏之类也。"近人钱穆先生注释该章时，先把前贤关于"方人"的两种含义列举，结合"夫我则不暇"，推断出"方，比方义。比方人物较其长短，犹言批评"。又以程明道与谢良佐之例作为理解本章的参考，却语焉不详。钱穆先生对此章的注释用"白话试译"，② 一则说明钱穆先生谦虚，仅仅试着翻译此章，二则证明他也不确定自己的理解是否准确。从其试译中可以看出，孔子也是赞许子贡的。今人傅佩荣先生对本章用白话解释为：子贡评论别人的优劣。孔子说："赐已经很杰出了吗？要是我，就没有这么空闲。"傅先生本人对本章的解读是"贤，杰出。孔子对子贡鼓励多于责怪，并且以身作则"。③ 由此可见，傅佩荣先生也是认为孔子是赞许子贡的。

综上所述，古今名家对"子贡方人"章的解释有很大歧义，我辈学人则有责任给出令人信服的论证。纵观成说，譬如聚讼，焦点有二：一者"方人"究竟是比方人评论人，还是谤人批评人？二者孔子究竟是赞许子贡，还是贬抑子贡？双方的论证似乎都没有达到令读者不得不接受的程度。基于历史事实、与孔子同时代的经典文献，以随宜训诂的方法，得出本章有说服力的确定结论，是对孔子和《论语》的尊重，更是对所有研习《论语》者的责任。

随宜训诂是针对望文生义、断章取义而提出的范畴，是指在解读先秦元典时，遵循元典文辞的习惯用法、依照篇章之间的逻辑联系、结合人物身份和历史背景，在还原对话场景及所关涉具体事情基础上，得出文辞最适宜的义理，使人有豁然开朗之感，即无为而治，是最高明的训诂方法。④

四、基于以史证经的随宜训诂

为了准确理解本章，找到孔子对待子贡的真实态度，必须通过具体事例来全面了

---

① 刘宝楠，《论语正义》，中华书局 1990 年版，第 589 页。
② 钱穆，《论语新解》，上海三联书店 2002 年版，第 378 页。
③ 傅佩荣，《解读论语》，上海三联书店 2007 年版，第 226 页。
④ 应用随宜训诂的典型例子，可以参见韩桂君、刘纯泽《"唯女子与小人为难养也"新解》，载《原道》第 2 辑（2016 年），第 206 页。

解子贡的性格，即"知其人"，以"鉴其事"。知人鉴事是指在解读先秦元典时，根据特定人物的特长、性格、身份、职位及他所要处理的具体事务、所讨论问题的目的，来发现作者的真意之科学方法。这是以史证经的前提条件，也是避免主观臆测解读经典的根本方法。下面通过历史上子贡的言行，来精准锚定"子贡方人"章之唯一选择。

据《左传·定公十五年》记载，这年的春天，邾隐公前来鲁国朝聘。因孔子早已于定公十三年离开鲁国周游列国，未能观此礼，但"子贡观焉"。

子贡观摩到了什么呢？"邾子执玉高，其容仰。公受玉卑，其容俯。"① 国君之间的拜访，按照礼制，来访者要献玉。邾子双手捧玉，因为举得过高，头自然上仰。定公双手受玉，因为托得过低，头自然下俯。

子贡于是乎"方人"。他说："以礼观之，二君者，皆有死亡焉。"子贡如此评价的理由是什么呢？他说："夫礼，死生存亡之体也。将左右周旋，进退俯仰，于是乎取之；朝祀丧戎，于是乎观之。"在子贡看来，人既以身为体，也以礼为体；国君离开了礼，距灭身、亡国也就不远了。国君进退、俯仰、周旋之间，要有礼仪；参与朝聘、祭祀、丧葬、戎马之事，要有规矩；所有国民都要随时取法他、观摩他（国君）的呀！"今正月相朝，而皆不度，心已亡矣。嘉事不体，何以能久？"现在鲁国和邾国两国君参加正月朝聘的嘉礼，皆没了法度礼仪，证明他们的心已经死了，怎么能长久呢！

由此可知，子贡的"方人"，既是评论人，也是批评人，在此处他指出两个国君行为不符合礼，有批评之意，进而判断他们"有死亡焉"。从子贡的言辞上看，说得很有道理，并且言辞简练、文采斐然。

可惜子贡不能就此打住，他继续发表高论："高仰，骄也，卑俯，替也。骄近乱，替近疾。君为主，其先亡乎！"国君头高仰，那是骄慢的表现；骄慢则会藐视一切，行为错乱。国君头低俯，那是将要被取代的表现；快要被替代了，意味着病得已经不轻了。两人都将死亡，鲁定公是主人，一定死在前头。

子贡做生意很有一套，"亿则屡中（【11.19】）"。断人吉凶悔吝居然也准，"夏五月壬申，公薨。仲尼曰：赐不幸言而中，是使赐多言者也。"（《左传·定公十五年》）孔子因此也卷入了"方人"行列，他说："不幸得很，子贡猜中了，从此以后他就会话更多了。"

至于邾隐公的结局，根据《春秋·哀公七年》记载："秋，公伐邾。八月己酉，入邾，以邾子益来。"② 邾隐公终于品尝到了骄慢的苦酒。

考察子贡的言辞，论人之精准，的确当得上贤能。然而妄议两国之君的生死，有

---

① 杨伯峻，《春秋左传注》，中华书局1990年版，第1600-1601页。
② 刘尚慈，《春秋公羊传译注》（下），中华书局2010年版，第637页。

失厚道，尖酸刻薄，又近于卖弄口舌，有损君子之德。孔子之抑之，良有以也！

由此具体历史事实为例证，可知朱子之注释，本不异于孔子之意，只是未能如孔子："我欲载之空言，不如见之于行事之深切著明也。"（《史记·太史公自序》）如果朱子能够用"子贡方人"的历史事实来证明其观点，则更能够说服读者接受其主张。

五、基于章序逻辑的随宜训诂

篇章逻辑包括篇序逻辑①和章序逻辑，是针对语录体表面上的无序与实质上赋比兴相连而提出的范畴，是指在解读先秦元典时，避免毫无逻辑地主观臆测，必须根据元典的篇序和篇内章序之间内在逻辑关系，确定某一特定段落之唯一解释的最佳方法。

孔子既"微言"，编撰《论语》之弟子，也就需要在篇序与章序逻辑上进行巧妙的安排，以揭示其"大义"。此处仅涉及章序逻辑关系。如果仅仅看"子贡方人"章，而不联系前后文，后人确实无法断定孔子是赞许子贡还是贬抑子贡，而孔子又离开我们两千多年了，不能向其求证其言之褒贬。然而，编纂论语之人都是孔子的高足，既有深厚的学识又得孔子之真传，编纂《论语》必然要传递其师之思想精髓，这些弟子同时又具有高超的文学写作水平，能够通过篇序和章序的安排，来引导后学者发现孔子之真实思想，而不是任人妄加揣测。因此，分析该章与前后文的用语，通过章与章之间的含义、逻辑关系，来确定本章唯一的阐释，是不言而喻的最佳方法。正如今人撰写论文或者著作，也必然是有结构上的层次和内在的逻辑关系的。

在此，列举本章及与之相关的三段原文："子贡方人。子曰：赐也贤乎哉？夫我则不暇！"（第三十章）"子曰：不患人之不己知，患其不能也。"（第三十一章）"子曰：不逆诈，不亿不信。抑亦先觉者，是贤乎？"（第三十二章）微生亩谓孔子曰：丘何为是栖栖者与？无乃为佞乎？孔子曰："非敢为佞也，疾固也。"（第三十三章）

先看"子曰：不患人之不己知，患其不能也"。在本章中，孔子的意思是，不要担忧居上位者不能知遇自己、赏识自己、重用自己；要担忧的是，自己值不值得知遇、能不能无愧于重用、可不可以恪尽职守。朱子此章没有解释文本，只是发出感叹："凡章指同而文不异者，一言而重出也。文小异者，屡言而各出也。此章凡四见，而文皆有异。则圣人于此一事，盖屡言之，其丁宁之意亦可见矣。"②朱子把注意力放在了"重出"上。大同小异的话讲四遍，可见其重要性容易为人忽略，故须反复叮咛。他自己倒是忽略了这章为何出现于此。据《史记·仲尼弟子列传》，子贡小孔子三十一岁，

---

① 例如《论语》的篇序逻辑已经由刘纯泽揭示出来了。参见刘纯泽，《〈论语〉篇序传》，《孔子研究》2004年第2期。

② 朱熹，《论语集注》，中国社会出版社2013年版，第86页。

"观礼"之时，年约二十六岁。为什么子贡"语不惊人死不休"，可以想见其动机，"患人之不己知"也。能准确预言两位国君之生死祸福，此后各国诸侯谁敢不延为座上之宾？孔子抑之，岂不以此乎！提醒子贡不可年轻气盛，自负才学而失君子之德。

再看"子曰：不逆诈，不亿不信。抑亦先觉者，是贤乎"？对于该章，朱子这样训诂："逆，未至而迎之也。""诈，谓人欺己。"① 可见"不逆诈"，乃是不要凭空猜测别人欺骗自己。"亿，未见而意之也。""不信，谓人疑己。"又可见"不亿不信"，乃是不可盲目臆度别人不相信自己。"抑，反语辞。言虽不逆不亿，而于人之情伪，自然先觉，乃为贤也。"朱子的意思是：反过来说，人既不凭空猜测又不盲目臆度，却能自自然然地事先察觉别人的真伪，那才是了不起。但是，朱子的训诂让人为难。若说别人已经表现出欺诈或不信任，己方察觉到了，那已经是后觉；别人没有表现出欺诈或不信任，己方却察觉到了，那这先觉与逆诈、臆不信，可就难分轩轾了。《论语》编撰者让这章出现在这里，显然与子贡逆猜、臆测两位国君的结局有关。如果是这样，它隐喻的孔子思想即是：不应该逆猜鲁定公亡身，也不应该臆测邾隐公亡国。退一步讲，就算事实证明你事先觉察对了，就能证明你了不起、比别人强、很贤能吗？可见，朱子的训诂犯了方向性错误。孔子的意思有两层：第一，逆猜别人欺诈、臆测别人疑己，这样不好。第二，就算猜对了，也没什么了不起。子贡不就曾经不幸而言中过吗！

孔子抑子贡，岂不又以此乎！第三十二章最后用反问句"是贤乎"直接否定地回答了第三十章的"赐也贤乎哉"的问题。综上所述，根据章序的排列逻辑，可以确知孔子对子贡方人持否定态度，从而可以排除相反的解释。

第三十三章"微生亩谓孔子"是对"子贡方人"章的实证。朱子说"亩名乎夫子而辞甚倨"，② 他认为微生亩直呼孔子之名，言辞倨傲，类似"子贡方人"。微生亩虽然巧妙地用比喻，说孔子忙碌得像飞来飞去的鸟一样，不能安居，"无乃为佞乎？"你孔丘所至皆以礼仪之道陈说人主，难道不是用口才取悦国君、③ 为了功名富贵吗？隐含了对孔子批评和看不起。孔子亦很巧妙地用比喻来反驳微生亩，自己并不敢表现口才以谋取功名富贵，只是担心自己像固守在窝中的鸟一样固执不通，从而周游列国以增长才识。这样孔子既表白了自己的志向又指出了对方固守不通、消极避世的不负责任态度。以子之矛攻子之盾，反唇相讥微生亩就像守着窝无所事事的鸟一样，还不如孔子"明知不可而为之"。可见，第三十三章以微生亩为例，进一步证明了"子贡方人"章中孔子所持的批评态度。

① 朱熹，《论语集注》，中国社会出版社 2013 年版，第 86 页。
② 朱熹，《论语集注》，中国社会出版社 2013 年版，第 86 页。
③ 刘宝楠，《论语正义》（下），中华书局 1990 年版，第 590 页。

六、基于以经解经的随宜训诂

子贡自身颇有才艺，又善言辞，所以喜欢"方人"，骨子里时时透出自负。孔子为此常常旁敲而侧击，因势而利导。从《论语》其他篇中可以发现孔子对子贡的教导，从《史记》中可以找到子贡方人而自辱的事例。

首先是"子贡问曰：有一言而可以终身行之者乎？子曰：其恕乎！己所不欲，勿施于人"（《论语·卫灵公第十五》）。这里的"一言"，若是一个字，孔子说那就是"恕"；若是一句话，孔子说那就是"己所不欲，勿施于人"。"恕"是略说，"己所不欲，勿施于人"是详说。由于子贡问的是"行"，孔子答的是"施"，互文而见义，子贡的问题便是：有没有一个字，可以终身施行它或奉行之？孔子的回答则含有两层意思：一者，"恕"这个字就可以终身施行；二者，你想把所要的施行到自己身上，就不能把所不要的施行到别人身上。后者既是前者的解释，又是前者的进一步发挥，言辞之妙，真是无以复加。

朱子对此的注解是："推己及物，其施不穷，故可以终身行之。"[①] 他把重心居然放在了"可以终身行之"上。"恕"就是推己及人，而天下人无穷，"恕"道的施行当然就无穷，故"恕""可以终身行之"。在他看来，"恕"之一字，其义不言而自明。倒是何晏解得直爽："言己之所恶，勿加施于人。"（何晏《论语集解》）子贡"方人"，若为成就自我，本不是毛病，但自以为"贤"，喜欢借数落他人而展示自己的才华和学识，这就有失"恕"道：恶意诋毁，人所不喜，想来子贡也不例外。孔子之针砭，可谓切中子贡之病。

接着是"子贡曰：我不欲人之加诸我也，吾亦欲无加诸人。子曰：赐也，非尔所及也"（《论语·公冶长第五》）。在该章中，子贡说：我不希望别人施加于我的，我也不希望自己施加于人。孔子听到，直接就给他堵回去了：端木赐啊，这不是你所能达到的境界呀。可见子贡喜欢把自己的好恶强加给别人。

孔子去世后，子贡这一毛病似乎依然存在。《史记·仲尼弟子列传》记载："孔子卒，原宪遂亡在草泽中。"当时，"子贡相卫，而结驷连骑，排藜藿入穷阎，过谢原宪。"马车及骑卫浩浩荡荡，可见其排场之大；穿越穷乡僻壤，可见其意志之坚；为的是经过原宪的居所，一定要好好地"方"之。"宪摄敝衣冠见子贡。子贡耻之，曰：夫子岂病乎？"原宪穿戴破旧的衣帽出来见同学，这极可能是故意而为之。"有朋自远方来，不亦乐乎？"理应华服礼迎远来的客人，而原宪这身打扮，分明显示出"我并不视

---

① 朱熹，《论语集注》，中国社会出版社2013年版，第92页。

你为友"。子贡当然感到羞耻，脱口而出："夫子是不是病得要死了！"起码的礼数也忘了！子贡言辞激烈，正是同学、朋友之间爱恨交织的口吻。"原宪曰：吾闻之，无财者谓之贫，学道而不能行者谓之病。若宪，贫也，非病也。"原宪并非没有同学之情，然道义之所在，不能不抗争善于言辞的子贡：穿戴破旧，没有财货，只能说是贫不能说是病；学君子之道而不能践行，那才是病入膏肓呢！矛头直指子贡相卫而不行君子之道，所谓以其人之道还治其人之身。"子贡惭，不怿而去，终身耻其言之过也。"子贡不能如原宪一般安贫守道，出任卫相，不能"以道事君"，故"惭"；同学从此陌路，故"不怿而去"；说错了话，故终身为之羞耻。

子贡与原宪的公案，也说明了这样的道理：方人者，德艺不足以服众，虽自视"贤"，人必不以为贤；虽自鸣得意，或遭终身之耻。

七、结语

本文首先进行驳论，指出了先贤错误训诂"子贡方人"章的主要缘由，即望文生义、主观臆测和忽视章序逻辑，并且以朱熹对本章的训诂为聚焦，考察了朱子前后与之或同或异的训诂观点作为例证。接着，本文郑重立论，通过章序逻辑、以经解经、以史证经三个方面的随宜训诂，结合子贡的特长和性格，论证了孔子对"子贡方人"的贬抑，一方面消除了朱子注解的疑惑，增强其观点的说服力；另一方面否定了那种认为孔子赞许子贡的解读。我们认为，"子贡方人"章所要揭示的核心思想乃是：方人者，德艺不足以服众，虽自视"贤"，人必不以为贤，虽自鸣得意，或遭终身之耻；故君子欲远耻辱，应以子贡为戒，慎方人或者不方人。如果我们此番重新论证，能使读者正确理解本章，并以子贡为戒，谦虚谨慎地修君子之道，谨慎地论断或者不论断他人，则幸甚也。

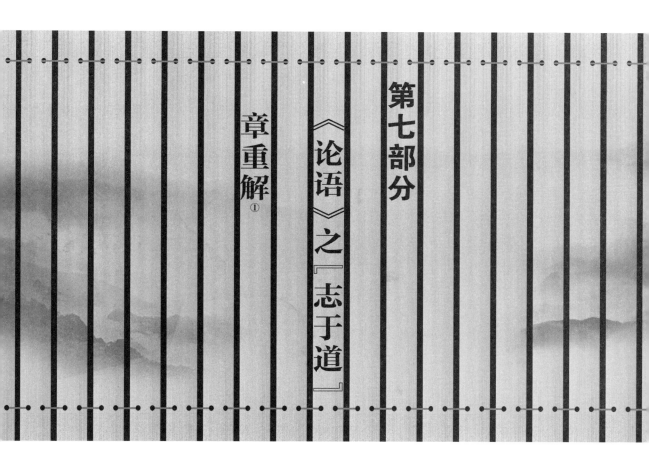

第七部分

《论语》之「志于道」

章重解①

① 此文作者王小康，首发于《中南财经政法大学研究生学报》2017 年第 1 期。纳入本书时略有修改。

一、"志于道"章的研究概况及反思

子曰:"志于道,据于德,依于仁,游于艺。"(《论语·述而第七》)关于本章,历来解说纷纭。尽管学界公认此处蕴含了孔门学旨之精要,但对于道、德、仁、艺之概念的阐释,以及对此四者逻辑关系的解读,往往各不相同且立意迥异。其中,逻辑解读上的区隔尤其值得注意。

三国曹魏何晏曰:"志,慕也。道不可体,故志之而已。据,杖也。德有成形,故可据。依,倚也。仁者功施于人,故可依。艺,六艺也。不足据依,故曰游。"① 在何晏看来,"道"作为最高本体是不可捉摸的,"德"则有形可据,"仁"更可以推己及人,而"艺"则只可游戏、不足依凭,可见此四者乃是等而下之的关系。何氏观点得到了南朝萧梁时的皇侃的支持。皇侃曰:"仁劣于德,倚减于据。(艺)其轻于仁,故云不足依,而宜遍游历以知之也。"② 道、德、仁、艺,四者重要性依次递减,志、据、依、游,则于用力上依次弱化,此种解读似乎颇可自圆其说。

然而,宋朝的朱熹却不这样认为。朱子曰:"此章言人之为学当如是也。盖学莫先于立志,志道,则心存于正而不他;据德,则道得于心而不失;依仁,则德性常用而物欲不行;游艺,则小物不遗而动息有养。"③ 初志道而立本,次据德而存道,更依仁而涵德,末游艺而养仁,可见朱子是主张此四者为依次递进的。道、德、仁、艺,为学之次第分明,志、据、依、游,修习之程度渐深,朱子的解读也自有道理。

对照以上两种观点,可以看到,虽然何朱二人在对道德仁艺四者关系的认识上不一致,但他们都将"道"解释为抽象化的形上本体,并在此预设下,建构了道最上、德次之、仁再次之、艺最后的逻辑框架——虽然他们一个以为这是学习内容的由重要到次要,是重要性的递减(何晏),一个认为这是学习次第的由抽象到具体,是功夫的递进(朱熹)。然而,笔者以为,建筑于以"道"为抽象化形上本体的这两种注解是值得怀疑的,因为其基础存在问题。事实上,何朱二人分别受到了其自身学术立场(何晏为魏晋玄学之重要代表,朱熹为宋代理学之集大成者)的影响,将"道"进行了抽象化玄虚化的解读。然而事实上,以"道"而专指形上含义,这在中国历史上是

① 何晏集解、皇侃义疏,《论语集解义疏》,商务印书馆1937年版,第87页。
② 何晏集解、皇侃义疏,《论语集解义疏》,商务印书馆1937年版,第87页。
③ 朱熹,《论语集注》,中华书局1983年版,第94页。

比较靠后的事情，在先秦则并不如此。在《论语》的文本语境当中，"道"往往指涉具体的道路、原则、方法（如"先王之道""古之道""夫子之道""父之道"等），而不是抽象化的形上本体——正所谓"夫子之文章，可得而闻也；夫子之言性与天道，不可得而闻也"（《论语·公冶长第五》）。因此，何朱二人的解读虽有其一得，却不能真正服人。

除以上观点外，清代刘宝楠的说法也值得注意："道者，明明德亲民，大学之道也。德，三德（至德、敏德、孝德）也。依仁犹言亲仁，谓于仁人当依倚之也。艺，六艺也。然则游者，不迫遽之意。"① 不同于何晏、皇侃和朱熹等人，这种解释着重强调道、德、仁、艺之各自含义，而不关注四者之相互关系。此外值得关注的还有近人杨伯峻的解释："孔子说：目标在道，根据在德，依靠在仁，而游憩于礼乐射御书数六艺之中。"② 这种浅白的、直接字面意思解释是不懂《论语》编纂者所用文学技巧的典型表现。

对照以上两种观点，可以看到，刘宝楠将道德仁艺四者分别都作了具体化的解释，而杨伯峻则几乎未做具体解读（除了"六艺"）。而由于刘宝楠的解读不关注四者关系，故而其解释只能流于想象与附会——如将"道"解释为"大学之道"，这固然实现了具体化，却并不能给人以确实之根据。因之，刘宝楠的解释最终跟杨伯峻一样，对于我们理解四者关系并无实质性助益。

由此可见，前人对本章的注解实是各执一端，并不能对道德仁艺四者作出清晰明白的解释。因此，要揭示出"志于道"章的真实意涵，我们需要对四者关系进行全新的解读。近年来，在"论语学"领域，最值得注意的是刘纯泽、韩桂君二人的研究方法。他们综合运用文学技巧、经史典籍印证、文字训诂以及义理阐发的解读方法，对《论语》的具体篇章和基本义理多有经典论断，给笔者较大启发。③ 本文将综合运用以上技法对《论语》"志于道"章进行解读。

二、互文见义视角下的"仁德"与"道艺"

笔者以为，在重解本章过程中，引入文学手法视角是首要步骤。从语言技巧和主旨意涵之关系来看，本来后者为体、前者为用，技巧是服务于表情达意的；然而，从读者会意的角度来说，往往必须首先对语言技巧有所了解，才能真正透过文辞而直达意涵，由此则手法技巧之领会反而应在主旨解读之先。

---

① 刘宝楠，《论语正义》，中华书局 1990 年版，第 257 页。
② 杨伯峻，《论语译注》，中华书局 1980 年版，第 67 页。
③ 韩桂君、刘纯泽，《"唯女子与小人难养也"新解》，载《原道》第 2 辑（2016 年）。

"志于道，据于德，依于仁，游于艺"——用心揣摩之后，我们发现：这四句话，每句三言，对仗工整，可谓巧极！而其中，志、据、依、游，四字均为动词，道、德、仁、艺，四者皆是名词，以动词而加于名词，则应是指四种相类相关的行动。而欲探讨四者关系，笔者认为可以运用胡适所谓"大胆假设小心求证"的方法。我们既看到此章文字之工整对仗，则不妨假设这四句实可分为两部分，并思考其具体拆分办法。

从动词来看，"依""据"二者是相近的，都是依凭据守之义，其方向是朝内的；而"志""游"二字相类，都是取向归趋之义，其方向是往外的。由名词观之，"仁""德"恰是指向人之内在的德性，而"道""艺"则正是外在之原理、技艺的所在。那么，我们就可以进一步假设："据于德"与"依于仁"乃是同位的，而"志于道"和"游于艺"也是近义的，其之所以如此拆分铺陈，是为了增加语言的文采。

这样一种将本义拆分而避重换字，以排比文藻而隐饰主旨的文学手法，在我国传统中称作"互文见义"——"依"与"据"为互文，"仁"和"德"为互文，是为"依据"于"仁德"；"志"和"游"为互文，"道"与"艺"为互文，是有"志游"于"道艺"。正是在互文见义的视角下，我们将本章意涵简化成两部分：在内以培养"仁德"而作为立身的"依据"，在外以学习"道艺"而作为处世的"志游"方向。

要证明以上假设，我们还必须联系这些义项在他处的"互文见义"式运用。例如，"子曰：有德者必有言，有言者不必有德。仁者必有勇，勇者不必有仁。"(《论语·宪问第十四》)孔子说，有德行的人一定能够讲出有道理的话来，而能讲出有道理的话的人不一定有德行；仁爱者一定会有勇气，但有勇气的人不一定有仁爱之心。细心观察者会发现，在这里"德"与"仁"实可以互换，因之可作如是观：有德行、有仁爱之心的人一定会有勇气并能够讲出有道理的话来，但有勇气并能够讲出有道理的话的人不一定有德行、有仁爱之心。这正见得"德"与"仁"的"互文见义"。

与此相应，在先秦典籍中我们同样可以找到"道"与"艺"的"互文见义"范例。《周礼·地官司徒第二·保氏》曰："养国子以道，乃教之六艺：一曰五礼，二曰六乐，三曰五射，四曰五驭，五曰六书，六曰九数。"[1] 这是讲周代老师如何教育国之子弟的。我们看到，"教"和"养"是近义词，"之"即代指"国子"，因此可以推测"道"与"六艺"实为同义互文——"道艺"也者，礼乐射御书数之文法技艺也。

通过以上印证，我们可以发现，"仁德"同义而"道艺"互文，应是先秦时一种常见的文言技法。在此基础上，笔者进一步推断，"依据"于"仁德"而"志游"于"道艺"，这也应是当时的通行观念。如《礼记·少仪》："士依于德，游于艺。工依于

---

[1] 杨天宇，《周礼译注》，上海古籍出版社2004年版，第200页。

法，游于说。"① 这句话提供了两个信息：第一，这里与"游于艺"对举的是"依于德"，对照本章的"依于仁"，恰恰说明"仁"与"德"为近义；第二，"士"和"工"其实也是互文见义，即士子和工匠都应该以仁德、国法为规范依据，而其学习工作则应趋向优游涵泳于技艺、说教之中。

由此我们看到，任何人都必须既有立身处世的内在依据（即遵德守法），同时又要有赖以生存的道术技能。只有二者兼备，才能称之为"德艺双馨"。"依据"于"仁德"而"志游"于"道艺"，这本是孔子为国之士子所指示的为学门径，而其引申开来则同时构成了整个社会普遍生存法则。

三、"仁德"与"道艺"对举的经史印证

上文笔者运用"互文见义"的视角，将本章意涵划为"仁德"和"道艺"两部分，初步拨开了前人解诂之纷乱疑云。然其论证仍嫌疏漏，于是有必要进一步作经史印证。所谓"经"，就是指以古典六经（诗、书、礼、乐、易、春秋）为主体的儒家经典；所谓"史"，就是指以儒家思想为意识形态基础的、以廿六史为主体的记载兴衰治乱的正统史籍。如果说"'经'意味着基本法和正统性，是衡量价值的准绳"，那么"'史'意味着基于'经'（正当性）的价值裁断和历史建构"，经与史正是原理与实践、体与用的关系。②《论语》是儒家的重要经典，以其他经典来解说《论语》"志于道"章，并以史籍事例加以印证，如此经史互证是符合儒家思想基本逻辑的，也可以使上文结论更加丰满。

（一）以经解经角度

从古书典籍的表述来看，事实上"仁德"和"道艺"本就是两个习用的词组，这是"志于道"章运用"互文见义"手法进行叙述的基础。

《礼记·少仪》记载："问道艺，曰：子习于某乎，子善于某乎。"③《少仪》是叙述年少士子之礼仪的文献，这里说的就是如何向长者问学。从其发问的方式可见，所谓"道艺"应该就是学者所学习、所专精的技艺。这是"道艺"作为固定词组的例证。

《逸周书·大聚》曰："因其土宜，以为民资，则生无乏用，死无传尸。此谓仁德。"④ 按照客观物质条件而发展生产，使人民生活富足，这是统治者的责任。而能够

---

① 杨天宇，《礼记译注》，上海古籍出版社 2004 年版，第 442 页。
② 刘仲敬，《经与史：华夏世界的历史建构》，广西师范大学出版社 2015 年，第 1 页。
③ 杨天宇，《礼记译注》，上海古籍出版社 2004 年版，第 438 页。
④ 李学勤等，《逸周书汇校集注》，上海古籍出版社 2004 年版，第 405 页。

达到这一点，那就称得上是有"仁德"。这句话是"仁德"合用的体现。事实上，古籍中"仁德"作为固定词组而使用的范例还很多。《淮南子·缪称训》曰："德弥粗，所至弥远。德弥精，所至弥近。君子诚仁，施亦仁，不施亦仁。小人诚不仁，施亦不仁，不施亦不仁。善之由我，与其由人若，仁德之盛者也。"① 这段话是讲"仁德"之本在于存心：显明之德，易于觉察，精微之德，难为人知；内心存仁，不施亦仁，心不存仁，施亦不仁。这里将"仁"与"德"对举，指向人的内在良善根据，也是"仁德"合用的例证。

进一步来说，"仁德"和"道艺"不仅是两个固定词组，而且往往是对举使用、同时出现。《周礼·地官司徒第二·乡大夫》曰："乡大夫之职，各掌其乡之政教禁令。正月之吉，受教法于司徒，退而颁之于其乡吏，使各以教其所治，以考其德行，察其道艺……三年则大比，考其德行、道艺，而兴贤能者。"② 这是讲地官司徒职官系统中乡大夫之职事的。乡大夫主管一乡的治理教化，其所教授于民众者和上级所考察者就是"德行"与"道艺"。同样的表述还出现在《周礼·地官司徒第二·州长》："州长各掌其州之教治政令之法。正月之吉，各属其州之民而读法，以考其德行、道艺而劝之，以纠其过恶而戒之……三年大比，则大考州里，以赞乡大夫废兴。"③ 州长所考察劝勉于民众者亦在于"德行""道艺"。这两处都是以"德行"和"道艺"对举，表明了将二者并列是先秦典籍的普遍现象。"德行"与"仁德"，其言有异，其理则一，总是内在之德性。教育民众，使之内具仁德、外有才艺，方能臻于德艺双馨、文质彬彬之境地。

"德行"与"仁德"的同义换用在《论语》其他章节中可以得到印证。《论语·先进第十一》记载："德行：颜渊、闵子骞、冉伯牛、仲弓；言语：宰我、子贡；政事：冉有、季路；文学：子游、子夏。"这是对孔子早期弟子的归类，共分为"德行""言语""政事""文学"四科。颜渊是孔子最欣赏的弟子，列于"德行"之首。而孔子曾有言："回也，其心三月不违仁，其余则日月至焉而已矣。"（《论语·雍也第六》） 在孔子看来，颜渊是学生当中最能够长久保持"仁"心的人。这与"德行"之评相应，正可见"仁"与"德行"为不二之义。正是在此认识下，我们发现"言语""政事""文学"都是"道艺"才干之属，而这一章对孔门弟子的分类正是遵循了"仁德"与"道艺"对举的原则。当然，不能偏执地认为其人有德者无才、有才者无德，相反地他们应该都是"德艺双馨"之士，只不过各自有所偏重而已。

---

① 刘安撰，何宁集释，《淮南子集释》，中华书局 1998 年版，第 755 页。
② 杨天宇，《周礼译注》，上海古籍出版社 2004 年版，第 171 页。
③ 杨天宇，《周礼译注》，上海古籍出版社 2004 年版，第 173 页。

（二）以史证经角度

仁德与道艺既为孔门学旨之两端，发而为用便是为政之二途。从历史记述来看，历代圣君贤臣莫不是由此二端而修身治国、选才化民。

《左传·文公十八年》有言："（舜）举八元，使布五教于四方，父义、母慈、兄友、弟共、子孝，内平外成。"① 这是回顾虞舜在为帝尧臣子之时举荐八位贤良（"八元"）之事。这八贤治理四方，而向天下百姓推布五种教化：父亲有义，母亲慈爱，哥哥友爱，弟弟恭敬，儿子孝顺。实际上，这"五教"的内容就是"仁德"，即教育民众如何端正名分、如何爱护他人。何以故？有子言曰："孝弟也者，其为仁之本与！"（《论语·学而第一》）这是就子弟言之。反过来对父兄而言，也可以说："义友者，其为仁之本乎！"使百姓在家孝悌义友，则"仁"道行矣，而这正是平治天下的基础。

国家对"道艺"之传授，上文已举《周礼·保氏》为例说明，即所谓"养国子以道，乃教之六艺"。不过这只是理想层面，其具体实践还须求之于史迹当中。《后汉书·樊宏阴识列传第二十二·樊准传》中记载，樊准曾经向汉和帝上书，曰："臣闻贾谊有言，'人君不可以不学'。故虽大舜圣德，孳孳为善；成王贤主，崇明师傅。及光武皇帝受命中兴，群雄崩扰，旌旗乱野，东西诛战，不遑启处，然犹投戈讲艺，息马论道。至孝明皇帝，兼天地之姿，用日月之明，庶政万机，无不简心，而垂情古典，游意经艺，每飨射礼毕，正坐自讲，诸儒并听，四方欣欣。"②

这一段话叙述了东汉开国两代贤君的好学懿行，光武帝于征战之中"投戈讲艺，息马论道"，孝明帝于理政之暇"垂情古典，游意经艺"。这里"道"与"艺"对举，"古典"与"经艺"互文，正印证了"道艺"作为固定词组的普遍习用，也说明了这两位帝王在修道学艺方面的以身作则。正是在帝王力倡"道艺"的氛围下，东汉一代士风振作，而文治政府、化成天下的事业乃大有推进。③

综上可知，"依据"于"仁德"而"志游"于"道艺"，这是孔子修学之道的两端，也是士君子修己安人、治平天下的两个向度；"仁德"是内在根据，是自爱爱人之基础，"道艺"为外在手段，是自立立人的依托；"仁德"与"道艺"两词都是自古相传的固定词组，二者是内外配合、相须而行的关系——只有领会到这些，我们才能真正理解"志于道"章之本义，才能明白"德艺双馨"作为孔学内核的本质意涵。

---

① 李梦生，《左传译注》，上海古籍出版社 2004 年版，第 419 页。
② 范晔，《后汉书》，中华书局 1999 年版，第 755 页。
③ 钱穆，《国史大纲》（上），商务印书馆 1996 年版，第 169–176 页。

四、"志于道"章的义理发挥

（一）随宜训诂以印证

对"仁德"与"道艺"之对举互文运用，上文论述已尽详备。那么，为了对"仁德"与"道艺"有一个严格意义上的解释，接下来笔者从文字训诂①角度予以分析。

《说文》曰："仁，亲也，从人二。"段玉裁注曰："亲也。见部曰。亲者，密至也。从人二。会意。中庸曰。仁者，人也。注。人也读如相人偶之人。以人意相存问之言……按人耦犹言尔我亲密之词。独则无耦。耦则相亲。故其字从人二。孟子曰。仁也者，人也。谓能行仁恩者人也。又曰。仁，人心也。谓仁乃是人之所以为心也。"② 由此可知，所谓"仁"者，一方面是与人亲密而施恩惠，另一方面则是内在之良善存心。

《说文》曰："德，升也。从彳，悳声。"段玉裁注曰："升当作登。辵部曰。迁，登也。此当同之。"③ 由此可见，"德"是攀登上行之义，所谓"从善如登"者是也，引申为"德性"之义。综合"仁德"而观之，则可知其指向友爱他人的内存善心。人知自爱，所以爱人；爱人之心，"仁德"之本：居家则为孝悌，在外则为忠信——这是为人立身处世的根本，因此孔子才说要以"仁德"为"依据"。

《说文》曰："道，所行道也。从辵首，一达谓之道。"段玉裁注曰："所行道也。毛传每云行道也。道者人所行。故亦谓之行。道之引申为道理。亦为引道。从辵首。首者，行所达也……一达谓之道。释宫文。行部称四达谓之衢。九部称九达谓之馗。按许三称当是一例。当作一达谓之道。从辵首。道人所行也。"④ 从训诂可见，所谓"道"者，既是人们所行走的道路，也是引导人们走路的道理。那么，什么能够作为士子修身治国之路的引导呢？当然是其所修学的艺文，是光武帝投戈息马而讲论之道艺，是孝明帝集贤正坐而会讲之经典——总而言之，即六经六艺。

《说文》曰："埶，种也。从坴、丮。持亟种之。诗曰我埶黍稷。"段玉裁注曰："埶，种也。齐风毛传曰。蓺犹树也。树种义同……六埶字作艺（按："藝"）。说见经典释文。然蓺艺字皆不见于说文。周时六艺字葢亦作埶。儒者之于礼乐射御书数、犹农者之树埶也。"⑤ "艺"既可以指农夫耕耘树艺，又能够引申为士人之修习礼乐射

---

① 所谓"训诂"，指顺释古言古字。训诂学为中国传统的文字解释学，是一种研究我国古代语言文字的专门学问。参见齐佩瑢，《训诂学概论》，中华书局 2004 年版，第 1-14 页。
② 许慎撰、段玉裁注，《说文解字注》，中州古籍出版社 2006 年版，第 365 页。
③ 许慎撰、段玉裁注，《说文解字注》，中州古籍出版社 2006 年版，第 76 页。
④ 许慎撰、段玉裁注，《说文解字注》，中州古籍出版社 2006 年版，第 75 页。
⑤ 许慎撰、段玉裁注，《说文解字注》，中州古籍出版社 2006 年版，第 113 页。

御书数，可见"艺"指向人之生存所要依赖的技艺。综合"道艺"而观之，则可知其指向士人所修学的经典与所练习的技艺。士人担修己安人之责，而"道艺"正为其向导，无怪乎孔子说要将"道艺"作为"志游"的对象。

（二）知人鉴事以阐发

通过层层剖析，我们知道，将"仁德"作为内在依托而根据，把"道艺"当成外在志趣以优游，这才是"志于道"章的本义，是孔门学旨之精要所在。那么，如此学旨究竟为谁开示？欲解此问，当要知人鉴事。

孔子生当春秋末年，实乃纷纷乱世。揆诸国史可知，这是一个大变革的时代：经济上井田制和工商食官制度崩溃，政治上宗法封建制瓦解，文化上贵族王官之学凋零而散落民间。正是在此王纲不振、礼崩乐坏的背景下，"士"阶层得到解放而空前活跃起来，为新秩序之建立而用智运思、建言献策。

在封建①旧秩序中，天下人以身份而分为如下等级：天子、诸侯、卿大夫、士人、庶人（农、工、商）。"士"阶层的身份特殊性在于：自天子以至于士人为贵族，都有机会接受贵族王官之学的教育，因此"士"不同于作为平民的庶人；而士人作为最低一级贵族，是没有封地和人民的，故而他又和天子、诸侯、卿大夫区别开来。这样一种有学问而无恒产的状态，使得"士"阶层既能够开发运用传统文化资源，又摆脱现实利益格局之束缚，求索天下治平之道。

孔子正是"士"阶层的杰出代表。他以毕生之力整理弘扬贵族王官之学，即六经六艺，并将其推布于民间。乱世之中，有天下国家者"德之不修，学之不讲"，尸位素餐，不堪平治之任，必须变革维新。"礼失而求诸野"，孔子开创了"学在民间""有教无类"的教育先河，他的学生来自各个阶层，而且主要是贫寒之士。正是面向这些普通士子，孔子宣说了"依据"于"仁德"而"志游"于"道艺"的教法，使他们修养德行、增长才艺，最终成为平治天下的栋梁之材。

明了孔门学旨的言说对象，这是我们理解孔学精义的前提。"仁德"与"道艺"是士子修学之主要内容，而且其中历然有次第可循。子曰："弟子入则孝，出则弟，谨而信，泛爱众，而亲仁。行有余力，则以学文。"（《论语·学而第一》）在家起居出入要孝顺父母、敬爱兄长，在外学习工作要恭谨诚信、亲近仁者，这是教导弟子修学

---

① 这里所谓的"封建"，是指西周时期的宗法封建制，其内容是：以宗法血缘为纽带，自天子、诸侯以至于卿大夫进行层层封土建君（士无封土），其核心为嫡长子继承制和大宗率领小宗、小宗拱卫大宗的国家体制。参见范忠信、陈景良，《中国法制史》（第二版），北京大学出版社2000年版，第49-51页。另外应当指出，这里用到的"封建"是中国传统史学中的概念，区别于主张"五种社会形态相继出现、单线发展"的马克思主义历史观中的"封建社会"概念。相关辨正可参考冯天瑜，《"封建"考论》（修订版），中国社会科学出版社2010年版。

当以爱人之"仁德"为先。做到这些、行有余力，再进一步地学习文学"道艺"，即六经六艺。

这样一种次第安排，说明了孔子以"道艺"为"仁德"之助力，而以"仁德"为"道艺"之根本。子曰："兴于诗，立于礼，成于乐。"（《论语·泰伯第八》）学了诗会说话，学了礼讲规矩，学了乐成德性，这正说明学习艺文对于士子之自我修养的巨大帮助。《史记·孔子世家》记载："孔子以诗书礼乐教，弟子盖三千焉，身通六艺者七十有二人。"[1] 这显现了孔子学术在当时的巨大影响力，也表明了六经六艺在其修学当中的主体地位。

不过，与此相应，孔子仍然强调以"仁德"为"道艺"之本。子曰："人而不仁，如礼何？人而不仁，如乐何？"人（为政者）若缺少内在之仁德，则徒凭演礼兴乐之虚文又有什么用呢？然而，我们却又不能认为可以脱离"道艺"来追求"仁德"。子曰："由也，女闻六言六蔽矣乎？对曰：未也。居！吾语女。好仁不好学，其蔽也愚；好知不好学，其蔽也荡；好信不好学，其蔽也贼；好直不好学，其蔽也绞；好勇不好学，其蔽也乱；好刚不好学，其蔽也狂。"（《论语·阳货第十七》）这里孔子告诫子路：仁、知、信、直、勇、刚，这是六种美好的德行，然而如果一味好求此六德而不学习，则会导致愚昧、浮荡、受伤、偏激、作乱、狂妄六种弊病。人只有学习"道艺"，才能使"仁德"之追求和实践走上正轨。只有从以上二端契入，我们才能领会孔门修学"仁德"与"道艺"的次第关系。

士人修学有暇，进于为政。教养斯民，"仁德"与"道艺"同样不可或缺。为政者欲政令通畅、四方敬服，首要前提就是自身端正而具备仁德，正所谓"其身正不令而行，其身不正虽令不从"（《论语·子路第十三》）。孔子曰："君子之德风，小人之德草。草上之风必偃。"（《论语·颜渊第十二》）这正是强调在上为政者之德性：只有为政者具备德性，老百姓才会心悦诚服，才能随之而有德性。

此外，为政者欲百姓恭谨受命、消弭暴戾，则传授"道艺"亦为要务。《论语·阳货第十七》记载："子之武城，闻弦歌之声，夫子莞尔而笑曰：'割鸡焉用牛刀'？子游对曰：'昔者，偃也闻诸夫子曰，君子学道则爱人，小人学道则易使也。'子曰：'二三子！偃之言是也，前言戏之耳！'"子游以弦歌礼乐而教化民众，孔子玩笑而讥之为"牛刀宰鸡"，叹其大材小用，但回过头又赞赏了这种做法。"君子学道则爱人，小人学道则易使"，这说明"学道"既能够培养士君子爱人之仁德，又可以训导民众归服国之政教。所谓"学道"，即是指学习六经六艺之"道艺"，在此则具体指弦歌礼乐。

---

[1]　司马迁，《史记》，中华书局 2006 年版，第 329 页。

结语

总结上文可知，"仁德"与"道艺"的义理对举正是我们理解《论语》"志于道"章的关键。"仁""德"为同义项，指向仁爱德性，"道""艺"亦为近义词，指向六经六艺。而本章的真实意涵应在于：国之士子为学，要将"仁德"作为内在依托而根据，把"道艺"当成外在志趣以优游；先以"仁德"与"道艺"而修学，实现内外兼修，进而以"仁德"与"道艺"为政，达到立己安人——而这正是孔门学旨中"内圣外王"的根本精神所在。

参 考 文 献

［1］阮元. 十三经注疏.（附校勘记）［M］. 影印本. 北京：中华书局，1980.

［2］何晏，邢昺疏. 十三经注疏［M］. 上海：上海古籍出版社，1997.

［3］朱熹. 论语集注［M］. 北京：中国社会出版社，2013.

［4］刘宝楠. 论语正义［M］. 北京：中华书局，1990.

［5］程树德. 论语集释［M］. 北京：中华书局，1990.

［6］钱穆. 论语新解［M］. 成都：巴蜀书社，1985.

［7］杨伯峻. 论语译注［M］. 北京：中华书局，1980.

［8］傅佩荣. 解读论语［M］. 上海：上海三联书店，2007.

［9］傅佩荣. 听傅老师讲《论语》［M］. 北京：中华书局，2010.

［10］南怀瑾. 论语别裁［M］. 上海：复旦大学出版社，2012.

［11］黄克剑. 论语疏解［M］. 北京：中国人民大学出版社，2010.

［12］尹建维. 论语印心［M］. 石家庄：花山文艺出版社，2014.

［13］李零. 丧家狗［M］. 北京：中华书局，2022.

［14］于丹. 论语心得［M］. 北京：中华书局，2006.

［15］宿正伯. 道不尽的论语［M］. 北京：中国文史出版社，2008.

［16］刘琦. 论语［M］. 2版. 长春：吉林文史出版社，2006.

［17］杨伯峻. 中英文对照《论语》［M］. 刘殿爵，译. 北京：中华书局，2008.

［18］杨伯峻. 春秋左传注（修订本）［M］. 北京：中华书局，1990.

［19］王国轩，王秀梅. 孔子家语［M］. 北京：中华书局，2009.

［20］陈立. 白虎通疏证［M］. 北京：中华书局，1994.

［21］武振玉. 诗经［M］. 长春：吉林文史出版社，2007.

［22］许倬云. 西周史（增补二版）［M］. 北京：生活、读书、新知三联书店，2018.

［23］任继愈. 五经四书说略［M］. 北京：商务印书馆，2007.

［24］林语堂. 孔子的智慧［M］. 长沙：湖南文艺出版社，2011.

［25］罗晓静. 典学集·中国语言文学卷 ［M］. 武汉：武汉大学出版社，2017.

［26］董原. 尚书·礼记 ［M］. 呼和浩特：远方出版社，2008.

［27］冯胜利. 汉语韵律句法学 （增订本） ［M］. 北京：商务印书馆，2013.

［28］赖明德，陈弘治，刘本栋. 四书 ［M］. 北京：文化发展出版社，2022.

［29］梁启超. 梁启超讲国学 ［M］. 长春：吉林人民出版社，2008.

［30］梁启超. 中国历史研究法及其补编 ［M］. 北京：民主与建设出版社，2015.

［31］钱锺书. 管锥编 ［M］. 北京：北京：生活·读书·新知三联书店，2007.

［32］梁漱溟. 东西方文化及其哲学 ［M］. 北京：商务印书馆，1999.

［33］吴欢. 安身立命：传统中国国宪的形态与运行 ［M］. 北京：中国政法大学出版社，2013.

［34］许慎，段玉裁. 说文解字注 ［M］. 郑州：中州古籍出版社，2006.

［35］杨天宇. 周礼译注 ［M］. 上海：上海古籍出版社，2004.

［36］杨天宇. 礼记译注 ［M］. 上海：上海古籍出版社，2004.

［37］刘仲敬. 经与史：华夏世界的历史建构 ［M］. 桂林：广西师范大学出版社，2015.

［38］李学勤，等. 逸周书汇校集注 ［M］. 上海：上海古籍出版社，2007.

［39］刘安，何宁. 淮南子集释 ［M］. 北京：中华书局，1998.

［40］李梦生. 左传译注 ［M］. 上海：上海古籍出版社，2004.

［41］范晔. 后汉书 ［M］. 北京：中华书局，1999.

［42］司马迁. 史记 ［M］. 北京：中华书局，2006.

附录一　孔子年表

鲁襄公二十二年（公元前 551 年）孔子生。

鲁襄公二十四年孔子年三岁。父叔梁纥卒。

鲁昭公七年孔子年十七岁。母颜徵在卒在前。鲁孟釐子卒。命其二子孟懿子及南宫敬叔师事孔子学礼。时二子年十三，其正式从学当在后。

昭公九年孔子年十九岁。娶宋亓官氏。

昭公十年孔子年二十岁。生子鲤，字伯鱼。孔子成年后曾为鲁之委吏、乘田。适周于老子问礼。

昭公二十年孔子年三十岁。孔子初入鲁太庙当在前。孔子至是始授徒设教。颜路、仲由、曾点、冉伯牛、闵子骞、冉求、仲弓、颜回、高柴、公西赤诸人先后从学。齐景公与晏子适鲁见孔子。

昭公二十五年孔子年三十五岁。鲁三家共攻昭公，昭公奔于齐，孔子亦以是年适齐，在齐闻《韶》乐。齐景公问政于孔子。

昭公二十六年孔子年三十六岁。当以是年反鲁。

鲁定公五年孔子年四十七岁。鲁阳货执季桓子。阳货欲见孔子，盖在此后。鲁国自大夫以下皆僭离于正道，故孔子不仕，退而修《诗》《书》《礼》《乐》，弟子弥众。

定公八年孔子年五十岁。鲁三家攻阳货，阳货退守阳关。次年奔齐。是年，公山弗扰召孔子。

定公九年孔子年五十一岁。鲁阳货奔齐。孔子始出仕，为鲁中都宰。

定公十年孔子年五十二岁。由中都宰升为司空，又为大司寇。相定公与齐会夹谷。

定公十二年孔子年五十四岁。鲁以孔子主张而堕三都。弗克。孔子堕三都之主张遂陷停顿。

定公十四年孔子年五十六岁。由大司寇摄相事。鲁君沉迷于齐女，三日不听政，郊祭不致膰俎于大夫，孔子遂去鲁适卫。始见卫灵公，孔子恐获罪于卫君，遂去卫适陈。过匡被拘。使随从为宁武子臣于卫，然后得去。过蒲月余返乎卫。晋佛肸来召，

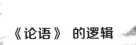

孔子欲往，不果，重反卫。见南子。居卫月余，乃去卫过曹适宋。宋司马桓魋欲杀之，孔子微服去，过郑适陈。仕于陈。居陈三岁，去陈过蒲，会公叔氏以蒲畔，蒲人止孔子。弟子与斗甚疾。蒲人惧，谓孔子曰："苟毋适卫，吾出子。"与之盟，出孔子东门。孔子遂适卫。卫灵公闻孔子来，喜，郊迎。灵公老，怠于政，不用孔子。孔子喟然叹曰："苟有用我者，期月而已，三年有成。"孔子行，将西见赵简子。至于河而闻窦鸣犊、舜华之死也，临河而叹曰："美哉水，洋洋乎！丘之不济此，命也夫！"遂反乎卫，入住蘧伯玉家。他日，卫灵公问阵，当在今年或明年。

鲁哀公二年孔子年五十九岁。灵公卒，孔子或在其卒之前或后去卫适陈。

鲁哀公三年孔子年六十岁。秋，季桓子卒，康子代立，欲召仲尼。使召冉求，孔子曰："鲁人召求，非小用之，将大用之也。"是日，孔子曰："归乎归乎！吾党之小子狂简，斐然成章，吾不知所以裁之。"明年，孔子自陈迁于蔡。秋，齐景公卒。明年，孔子自蔡如叶。叶公问政，孔子曰："政在来远附迩。"他日，叶公问孔子于子路，子路不对。孔子闻之，曰："由，尔何不对曰'其为人也，学道不倦，诲人不厌，发愤忘食，乐以忘忧，不知老之将至'云尔。"去叶返蔡，涂遇长沮、桀溺，他日，遇荷蓧丈人。孔子迁于蔡三岁，吴伐陈。楚救陈，军于城父。闻孔子在陈蔡之间，楚使人聘孔子。孔子将往拜礼，陈蔡大夫相谋，围孔子于野。不得行，绝粮，从者病，莫能兴。孔子讲诵弦歌不衰。子路愠见曰："君子亦有穷乎？"孔子曰："君子固穷，小人穷斯滥矣。"子贡色作，孔子曰："赐，尔以予为多学而识之者与？"曰："然。非与？"孔子曰："非也。予一以贯之。"遂令子贡之楚，楚昭王兴师迎孔子，然后得免。楚狂接舆歌而过孔子，曰："凤兮凤兮，何德之衰！往者不可谏兮，来者犹可追也！已而已而，今之从政者殆而！"孔子下，欲与之言。趋而去，弗得与之言。于是孔子自楚反乎卫。是岁也，孔子年六十三，而鲁哀公六年也。

哀公七年孔子年六十四岁。再仕于卫，时为卫出公之四年。

哀公十一年孔子年六十八岁。鲁季康子召孔子，孔子反鲁。自其去鲁适卫，先后凡十四年而重反鲁。此下乃开始其晚年期的教育生活，有若、曾参、言偃、卜商、颛孙师诸人皆先后从学。

哀公十二年孔子年六十九岁。子孔鲤卒。

哀公十四年孔子年七十一岁。颜回卒。齐陈恒弑其君，孔子请讨之，鲁君臣不从。是年，鲁西狩获麟，孔子《春秋》绝笔。《春秋》始笔在何年，则不可考。

哀公十五年孔子年七十二岁。仲由死于卫国内乱。

哀公十六年（公元前479年）孔子年七十三岁，卒。

附录二 《史记·孔子世家》

孔子生鲁昌平乡陬邑。其先宋人也，曰孔防叔。防叔生伯夏，伯夏生叔梁纥。纥与颜氏女野合而生孔子，祷于尼丘得孔子。鲁襄公二十二年而孔子生。生而首上圩顶，故因名曰丘云。字仲尼，姓孔氏。

丘生而叔梁纥死，葬于防山。防山在鲁东，由是孔子疑其父墓处，母讳之也。孔子为儿嬉戏，常陈俎豆，设礼容。孔子母死，乃殡五父之衢，盖其慎也。陬人挽父之母诲孔子父墓，然后往合葬于防焉。

孔子要绖，季氏飨士，孔子与往。阳虎绌曰："季氏飨士，非敢飨子也。"孔子由是退。

孔子年十七，鲁大夫孟釐子病且死，诫其嗣懿子曰："孔丘，圣人之后，灭于宋。其祖弗父何始有宋而嗣让厉公。及正考父佐戴、武、宣公，三命兹益恭，故鼎铭云：'一命而偻，再命而伛，三命而俯，循墙而走，亦莫敢余侮。饘于是，粥于是，以糊余口。'其恭如是。吾闻圣人之后，虽不当世，必有达者。今孔丘年少好礼，其达者欤？吾即没，若必师之。"及釐子卒，懿子与鲁人南宫敬叔往学礼焉。是岁，季武子卒，平子代立。

孔子贫且贱。及长，尝为季氏史，料量平；尝为司职吏而畜蕃息。由是为司空。已而去鲁，斥乎齐，逐乎宋、卫，困于陈蔡之间，于是反鲁。孔子长九尺有六寸，人皆谓之"长人"而异之。鲁复善待，由是反鲁。

鲁南宫敬叔言鲁君曰："请与孔子适周。"鲁君与之一乘车，两马，一竖子俱，适周问礼，盖见老子云。辞去，而老子送之曰："吾闻富贵者送人以财，仁人者送人以言。吾不能富贵，窃仁人之号，送子以言，曰：'聪明深察而近于死者，好议人者也。博辩广大危其身者，发人之恶者也。为人子者毋以有己，为人臣者毋以有己。'"孔子自周反于鲁，弟子稍益进焉。

是时也，晋平公淫，六卿擅权，东伐诸侯；楚灵王兵彊，陵轹中国；齐大而近于鲁。鲁小弱，附于楚则晋怒；附于晋则楚来伐；不备于齐，齐师侵鲁。

　　鲁昭公之二十年，而孔子盖年三十矣。齐景公与晏婴来适鲁，景公问孔子曰："昔秦穆公国小处辟，其霸何也？"对曰："秦，国虽小，其志大；处虽辟，行中正。身举五羖，爵之大夫，起累绁之中，与语三日，授之以政。以此取之，虽王可也，其霸小矣。"景公说。

　　孔子年三十五，而季平子与郈昭伯以斗鸡故得罪鲁昭公，昭公率师击平子，平子与孟氏、叔孙氏三家共攻昭公，昭公师败，奔于齐，齐处昭公干侯。其后顷之，鲁乱。孔子适齐，为高昭子家臣，欲以通乎景公。与齐太师语乐，闻韶音，学之，三月不知肉味，齐人称之。

　　景公问政孔子，孔子曰："君君，臣臣，父父，子子。"景公曰："善哉！信如君不君，臣不臣，父不父，子不子，虽有粟，吾岂得而食诸！"他日又复问政于孔子，孔子曰："政在节财。"景公说，将欲以尼谿田封孔子。晏婴进曰："夫儒者滑稽而不可轨法；倨傲自顺，不可以为下；崇丧遂哀，破产厚葬，不可以为俗；游说乞贷，不可以为国。自大贤之息，周室既衰，礼乐缺有间。今孔子盛容饰，繁登降之礼，趋详之节，累世不能殚其学，当年不能究其礼。君欲用之以移齐俗，非所以先细民也。"后景公敬见孔子，不问其礼。异日，景公止孔子曰："奉子以季氏，吾不能。"以季孟之间待之。齐大夫欲害孔子，孔子闻之。景公曰："吾老矣，弗能用也。"孔子遂行，反乎鲁。

　　孔子年四十二，鲁昭公卒于干侯，定公立。定公立五年，夏，季平子卒，桓子嗣立。季桓子穿井得土缶，中若羊，问仲尼云"得狗"。仲尼曰："以丘所闻，羊也。丘闻之，木石之怪夔、罔阆，水之怪龙、罔象，土之怪坟羊。"

　　吴伐越，堕会稽，得骨节专车。吴使使问仲尼："骨何者最大？"仲尼曰："禹致群神于会稽山，防风氏后至，禹杀而戮之，其节专车，此为大矣。"吴客曰："谁为神？"仲尼曰："山川之神足以纲纪天下，其守为神，社稷为公侯，皆属于王者。"客曰："防风何守？"仲尼曰："汪罔氏之君守封、禺之山，为釐姓。在虞、夏、商为汪罔，于周为长翟，今谓之大人。"客曰："人长几何？"仲尼曰："僬侥氏三尺，短之至也。长者不过十之，数之极也。"于是吴客曰："善哉圣人！"

　　桓子嬖臣曰仲梁怀，与阳虎有隙。阳虎欲逐怀，公山不狃止之。其秋，怀益骄，阳虎执怀。桓子怒，阳虎因囚桓子，与盟而醳之。阳虎由此益轻季氏。季氏亦僭于公室，陪臣执国政，是以鲁自大夫以下皆僭离于正道。故孔子不仕，退而修诗书礼乐，弟子弥众，至自远方，莫不受业焉。

　　定公八年，公山不狃不得意于季氏，因阳虎为乱，欲废三桓之适，更立其庶孽阳虎素所善者，遂执季桓子。桓子诈之，得脱。定公九年，阳虎不胜，奔于齐。是时孔子年五十。

　　公山不狃以费畔季氏，使人召孔子。孔子循道弥久，温温无所试，莫能己用，曰：

"盖周文武起丰镐而王，今费虽小，傥庶几乎！"欲往。子路不说，止孔子。孔子曰："夫召我者岂徒哉？如用我，其为东周乎！"然亦卒不行。

其后定公以孔子为中都宰，一年，四方皆则之。由中都宰为司空，由司空为大司寇。

定公十年春，及齐平。夏，齐大夫黎钽言于景公曰："鲁用孔丘，其势危齐。"乃使使告鲁为好会，会于夹谷。鲁定公且以乘车好往。孔子摄相事，曰："臣闻有文事者必有武备，有武事者必有文备。古者诸侯出疆，必具官以从。请具左右司马。"定公曰："诺。"具左右司马。会齐侯夹谷，为坛位，土阶三等，以会遇之礼相见，揖让而登。献酬之礼毕，齐有司趋而进曰："请奏四方之乐。"景公曰："诺。"于是旍旄羽袚矛戟剑拨鼓噪而至。孔子趋而进，历阶而登，不尽一等，举袂而言曰："吾两君为好会，夷狄之乐何为于此！请命有司！"有司却之，不去，则左右视晏子与景公。景公心怍，麾而去之。有顷，齐有司趋而进曰："请奏宫中之乐。"景公曰："诺。"优倡侏儒为戏而前。孔子趋而进，历阶而登，不尽一等，曰："匹夫而营惑诸侯者罪当诛！请命有司！"有司加法焉，手足异处。景公惧而动，知义不若，归而大恐，告其群臣曰："鲁以君子之道辅其君，而子独以夷狄之道教寡人，使得罪于鲁君，为之奈何？"有司进对曰："君子有过则谢以质，小人有过则谢以文。君若悼之，则谢以质。"于是齐侯乃归所侵鲁之郓、汶阳、龟阴之田以谢过。

定公十三年夏，孔子言于定公曰："臣无藏甲，大夫毋百雉之城。"使仲由为季氏宰，将堕三都。于是叔孙氏先堕郈。季氏将堕费，公山不狃、叔孙辄率费人袭鲁。公与三子入于季氏之宫，登武子之台。费人攻之，弗克，入及公侧。孔子命申句须、乐颀下伐之，费人北。国人追之，败诸姑蔑。二子奔齐，遂堕费。将堕成，公敛处父谓孟孙曰："堕成，齐人必至于北门。且成，孟氏之保鄣，无成是无孟氏也。我将弗堕。"十二月，公围成，弗克。

定公十四年，孔子年五十六，由大司寇行摄相事，有喜色。门人曰："闻君子祸至不惧，福至不喜。"孔子曰："有是言也。不曰'乐其以贵下人'乎？"于是诛鲁大夫乱政者少正卯。与闻国政三月，粥羔豚者弗饰贾；男女行者别于涂；涂不拾遗；四方之客至乎邑者不求有司，皆予之以归。

齐人闻而惧，曰："孔子为政必霸，霸则吾地近焉，我之为先并矣。盍致地焉？"黎钽曰："请先尝沮之；沮之而不可则致地，庸迟乎！"于是选齐国中女子好者八十人，皆衣文衣而舞康乐，文马三十驷，遗鲁君。陈女乐文马于鲁城南高门外，季桓子微服往观再三，将受，乃语鲁君为周道游，往观终日，怠于政事。子路曰："夫子可以行矣。"孔子曰："鲁今且郊，如致膰乎大夫，则吾犹可以止。"桓子卒受齐女乐，三日不听政；郊，又不致膰俎于大夫。孔子遂行，宿乎屯。而师己送，曰："夫子则非罪。"

孔子曰："吾歌可夫？"歌曰："彼妇之口，可以出走；彼妇之谒，可以死败。盖优哉游哉，维以卒岁！"师己反，桓子曰："孔子亦何言？"师己以实告。桓子喟然叹曰："夫子罪我以群婢故也夫！"

孔子遂适卫，主于子路妻兄颜浊邹家。卫灵公问孔子："居鲁得禄几何？"对曰："奉粟六万。"卫人亦致粟六万。居顷之，或谮孔子于卫灵公。灵公使公孙余假一出一入。孔子恐获罪焉，居十月，去卫。

将适陈，过匡，颜刻为仆，以其策指之曰："昔吾入此，由彼缺也。"匡人闻之，以为鲁之阳虎。阳虎尝暴匡人，匡人于是遂止孔子。孔子状类阳虎，拘焉五日，颜渊后，子曰："吾以汝为死矣。"颜渊曰："子在，回何敢死！"匡人拘孔子益急，弟子惧。孔子曰："文王既没，文不在兹乎？天之将丧斯文也，后死者不得与于斯文也。天之未丧斯文也，匡人其如予何！"孔子使从者为甯武子臣于卫，然后得去。

去即过蒲。月余，反乎卫，主蘧伯玉家。灵公夫人有南子者，使人谓孔子曰："四方之君子不辱欲与寡君为兄弟者，必见寡小君。寡小君愿见。"孔子辞谢，不得已而见之。夫人在绤帷中。孔子入门，北面稽首。夫人自帷中再拜，环佩玉声璆然。孔子曰："吾乡为弗见，见之礼答焉。"子路不说。孔子矢之曰："予所不者，天厌之！天厌之！"居卫月余，灵公与夫人同车，宦者雍渠参乘，出，使孔子为次乘，招摇市过之。孔子曰："吾未见好德如好色者也。"于是丑之，去卫，过曹。是岁，鲁定公卒。

孔子去曹适宋，与弟子习礼大树下。宋司马桓魋欲杀孔子，拔其树。孔子去。弟子曰："可以速矣。"孔子曰："天生德于予，桓魋其如予何！"

孔子适郑，与弟子相失，孔子独立郭东门。郑人或谓子贡曰："东门有人，其颡似尧，其项类皋陶，其肩类子产，然自要以下不及禹三寸。累累若丧家之狗。"子贡以实告孔子。孔子欣然笑曰："形状，末也。而谓似丧家之狗，然哉！然哉！"

孔子遂至陈，主于司城贞子家。岁余，吴王夫差伐陈，取三邑而去。赵鞅伐朝歌。楚围蔡，蔡迁于吴。吴败越王句践会稽。

有隼集于陈廷而死，楛矢贯之，石砮，矢长尺有咫。陈湣公使使问仲尼。仲尼曰："隼来远矣，此肃慎之矢也。昔武王克商，通道九夷百蛮，使各以其方贿来贡，使无忘职业。于是肃慎贡楛矢石砮，长尺有咫。先王欲昭其令德，以肃慎矢分大姬，配虞胡公而封诸陈。分同姓以珍玉，展亲；分异姓以远职，使无忘服。故分陈以肃慎矢。"试求之故府，果得之。

孔子居陈三岁，会晋楚争彊，更伐陈，及吴侵陈，陈常被寇。孔子曰："归与归与！吾党之小子狂简，进取不忘其初。"于是孔子去陈。

过蒲，会公叔氏以蒲畔，蒲人止孔子。弟子有公良孺者，以私车五乘从孔子。其为人长贤，有勇力，谓曰："吾昔从夫子遇难于匡，今又遇难于此，命也已。吾与夫子再罹难，宁斗而死。"斗甚疾。蒲人惧，谓孔子曰："苟毋适卫，吾出子。"与之盟，出孔子东门。孔子遂适卫。子贡曰："盟可负邪？"孔子曰："要盟也，神不听。"卫灵公闻孔子来，喜，郊迎。问曰："蒲可伐乎？"对曰："可。"灵公曰："吾大夫以为不可。今蒲，卫之所以待晋楚也，以卫伐之，无乃不可乎？"孔子曰："其男子有死之志，妇人有保西河之志。吾所伐者不过四五人。"灵公曰："善。"然不伐蒲。

灵公老，怠于政，不用孔子。孔子喟然叹曰："苟有用我者，期月而已，三年有成。"孔子行。

佛肸为中牟宰。赵简子攻范、中行，伐中牟。佛肸畔，使人召孔子。孔子欲往。子路曰："由闻诸夫子，'其身亲为不善者，君子不入也'。今佛肸亲以中牟畔，子欲往，如之何？"孔子曰："有是言也。不曰坚乎，磨而不磷；不曰白乎，涅而不淄。我岂匏瓜也哉，焉能系而不食？"

孔子击磬。有荷蒉而过门者，曰："有心哉，击磬乎！硁硁乎，莫己知也夫而已矣！"

孔子学鼓琴师襄子，十日不进。师襄子曰："可以益矣。"孔子曰："丘已习其曲矣，未得其数也。"有间，曰："已习其数，可以益矣。"孔子曰："丘未得其志也。"有间，曰："已习其志，可以益矣。"孔子曰："丘未得其为人也。"有间，有所穆然深思焉，有所怡然高望而远志焉。曰："丘得其为人，黯然而黑，几然而长，眼如望羊，如王四国，非文王其谁能为此也！"师襄子辟席再拜，曰："师盖云文王操也。"

孔子既不得用于卫，将西见赵简子。至于河而闻窦鸣犊、舜华之死也，临河而叹曰："美哉水，洋洋乎！丘之不济此，命也夫！"子贡趋而进曰："敢问何谓也？"孔子曰："窦鸣犊，舜华，晋国之贤大夫也。赵简子未得志之时，须此两人而后从政；及其已得志，杀之乃从政。丘闻之也，刳胎杀夭则麒麟不至郊，竭泽涸渔则蛟龙不合阴阳，覆巢毁卵则凤皇不翔。何则？君子讳伤其类也。夫鸟兽之于不义也尚知辟之，而况乎丘哉！"乃还息乎陬乡，作为陬操以哀之。而反乎卫，入主蘧伯玉家。

他日，灵公问兵陈。孔子曰："俎豆之事则尝闻之，军旅之事未之学也。"明日，与孔子语，见蜚雁，仰视之，色不在孔子。孔子遂行，复如陈。

夏，卫灵公卒，立孙辄，是为卫出公。六月，赵鞅内太子蒯聩于戚。阳虎使太子絻，八人衰绖，伪自卫迎者，哭而入，遂居焉。冬，蔡迁于州来。是岁鲁哀公三年，而孔子年六十矣。齐助卫围戚，以卫太子蒯聩在故也。

夏，鲁桓釐庙燔，南宫敬叔救火。孔子在陈，闻之，曰："灾必于桓釐庙乎？"已而果然。

秋，季桓子病，辇而见鲁城，喟然叹曰："昔此国几兴矣，以吾获罪于孔子，故不兴也。"顾谓其嗣康子曰："我即死，若必相鲁；相鲁，必召仲尼。"后数日，桓子卒，

康子代立。已葬，欲召仲尼。公之鱼曰："昔吾先君用之不终，终为诸侯笑。今又用之，不能终，是再为诸侯笑。"康子曰："则谁召而可？"曰："必召冉求。"于是使使召冉求。冉求将行，孔子曰："鲁人召求，非小用之，将大用之也。"是日，孔子曰："归乎归乎！吾党之小子狂简，斐然成章，吾不知所以裁之。"子赣知孔子思归，送冉求，因诫曰"即用，以孔子为招"云。

冉求既去，明年，孔子自陈迁于蔡。蔡昭公将如吴，吴召之也。前昭公欺其臣迁州来，后将往，大夫惧复迁，公孙翩射杀昭公。楚侵蔡。秋，齐景公卒。

明年，孔子自蔡如叶。叶公问政，孔子曰："政在来远附迩。"他日，叶公问孔子于子路，子路不对。孔子闻之，曰："由，尔何不对曰'其为人也，学道不倦，诲人不厌，发愤忘食，乐以忘忧，不知老之将至'云尔。"

去叶，反于蔡。长沮、桀溺耦而耕，孔子以为隐者，使子路问津焉。长沮曰："彼执舆者为谁？"子路曰："为孔丘。"曰："是鲁孔丘与？"曰："然。"曰："是知津矣。"桀溺谓子路曰："子为谁？"曰："为仲由。"曰："子，孔丘之徒与？"曰："然。"桀溺曰："悠悠者天下皆是也，而谁以易之？且与其从辟人之士，岂若从辟世之士哉！"耰而不辍。子路以告孔子，孔子怃然曰："鸟兽不可与同群。天下有道，丘不与易也。"

他日，子路行，遇荷蓧丈人，曰："子见夫子乎？"丈人曰："四体不勤，五谷不分，孰为夫子！"植其杖而芸。子路以告，孔子曰："隐者也。"复往，则亡。

孔子迁于蔡三岁，吴伐陈。楚救陈，军于城父。闻孔子在陈蔡之间，楚使人聘孔子。孔子将往拜礼，陈蔡大夫谋曰："孔子贤者，所刺讥皆中诸侯之疾。今者久留陈蔡之间，诸大夫所设行皆非仲尼之意。今楚，大国也，来聘孔子。孔子用于楚，则陈蔡用事大夫危矣。"于是乃相与发徒役围孔子于野。不得行，绝粮。从者病，莫能兴。孔子讲诵弦歌不衰。子路愠见曰："君子亦有穷乎？"孔子曰："君子固穷，小人穷斯滥矣。"

子贡色作。孔子曰："赐，尔以予为多学而识之者与？"曰："然。非与？"孔子曰："非也。予一以贯之。"

孔子知弟子有愠心，乃召子路而问曰："诗云'匪兕匪虎，率彼旷野'。吾道非邪？吾何为于此？"子路曰："意者吾未仁邪？人之不我信也。意者吾未知邪？人之不我行也。"孔子曰："有是乎！由，譬使仁者而必信，安有伯夷、叔齐？使知者而必行，安有王子比干？"

子路出，子贡入见。孔子曰："赐，诗云'匪兕匪虎，率彼旷野'。吾道非邪？吾何为于此？"子贡曰："夫子之道至大也，故天下莫能容夫子。夫子盖少贬焉？"孔子曰："赐，良农能稼而不能为穑，良工能巧而不能为顺。君子能修其道，纲而纪之，统而理之，而不能为容。今尔不修尔道而求为容。赐，而志不远矣！"

　　子贡出，颜回入见。孔子曰："回，诗云'匪兕匪虎，率彼旷野'。吾道非邪？吾何为于此？"颜回曰："夫子之道至大，故天下莫能容。虽然，夫子推而行之，不容何病，不容然后见君子！夫道之不修也，是吾丑也。夫道既已大修而不用，是有国者之丑也。不容何病，不容然后见君子！"孔子欣然而笑曰："有是哉颜氏之子！使尔多财，吾为尔宰。"

　　于是使子贡至楚。楚昭王兴师迎孔子，然后得免。

　　昭王将以书社地七百里封孔子。楚令尹子西曰："王之使使诸侯有如子贡者乎？"曰："无有。""王之辅相有如颜回者乎？"曰："无有。""王之将率有如子路者乎？"曰："无有。""王之官尹有如宰予者乎？"曰："无有。""且楚之祖封于周，号为子男五十里。今孔丘述三五之法，明周召之业，王若用之，则楚安得世世堂堂方数千里乎？夫文王在丰，武王在镐，百里之君卒王天下。今孔丘得据土壤，贤弟子为佐，非楚之福也。"昭王乃止。其秋，楚昭王卒于城父。

　　楚狂接舆歌而过孔子，曰："凤兮凤兮，何德之衰！往者不可谏兮，来者犹可追也！已而已而，今之从政者殆而！"孔子下，欲与之言。趋而去，弗得与之言。

　　于是孔子自楚反乎卫。是岁也，孔子年六十三，而鲁哀公六年也。

　　其明年，吴与鲁会缯，征百牢。太宰嚭召季康子。康子使子贡往，然后得已。

　　孔子曰："鲁卫之政，兄弟也。"是时，卫君辄父不得立，在外，诸侯数以为让。而孔子弟子多仕于卫，卫君欲得孔子为政。子路曰："卫君待子而为政，子将奚先？"孔子曰："必也正名乎！"子路曰："有是哉，子之迂也！何其正也？"孔子曰："野哉由也！夫名不正则言不顺，言不顺则事不成，事不成则礼乐不兴，礼乐不兴则刑罚不中，刑罚不中则民无所错手足矣。夫君子为之必可名，言之必可行。君子于其言，无所苟而已矣。"

　　其明年，冉有为季氏将师，与齐战于郎，克之。季康子曰："子之于军旅，学之乎？性之乎？"冉有曰："学之于孔子。"季康子曰："孔子何如人哉？"对曰："用之有名；播之百姓，质诸鬼神而无憾。求之至于此道，虽累千社，夫子不利也。"康子曰："我欲召之，可乎？"对曰："欲召之，则毋以小人固之，则可矣。"而卫孔文子将攻太叔，问策于仲尼。仲尼辞不知，退而命载而行，曰："鸟能择木，木岂能择鸟乎！"文子固止。会季康子逐公华、公宾、公林，以币迎孔子，孔子归鲁。

　　孔子之去鲁凡十四岁而反乎鲁。

　　鲁哀公问政，对曰："政在选臣。"季康子问政，曰："举直错诸枉，则枉者直。"康子患盗，孔子曰："苟子之不欲，虽赏之不窃。"然鲁终不能用孔子，孔子亦不求仕。

　　孔子之时，周室微而礼乐废，诗书缺。追迹三代之礼，序书传，上纪唐虞之际，

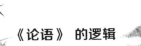

下至秦缪，编次其事。曰："夏礼吾能言之，杞不足征也。殷礼吾能言之，宋不足征也。足，则吾能征之矣。"观殷夏所损益，曰："后虽百世可知也，以一文一质。周监二代，郁郁乎文哉。吾从周。"故书传、礼记自孔氏。

孔子语鲁大师："乐其可知也。始作翕如，纵之纯如，皦如，绎如也，以成。""吾自卫反鲁，然后乐正，雅颂各得其所。"古者诗三千余篇，及至孔子，去其重，取可施于礼义，上采契后稷，中述殷周之盛，至幽厉之缺，始于衽席，故曰"关雎之乱以为风始，鹿鸣为小雅始，文王为大雅始，清庙为颂始"。三百五篇孔子皆弦歌之，以求合韶武雅颂之音。礼乐自此可得而述，以备王道，成六艺。

孔子晚而喜易，序象、系、象、说卦、文言。读易，韦编三绝。曰："假我数年，若是，我于易则彬彬矣。"

孔子以诗书礼乐教，弟子盖三千焉，身通六艺者七十有二人。如颜浊邹之徒，颇受业者甚众。

孔子以四教：文，行，忠，信。绝四：毋意，毋必，毋固，毋我。所慎：齐，战，疾。子罕言利与命与仁。不愤不启，举一隅不以三隅反，则弗复也。

其于乡党，恂恂似不能言者。其于宗庙朝廷，辩辩言，唯谨尔。朝，与上大夫言，訚訚如也；与下大夫言，侃侃如也。

入公门，鞠躬如也；趋进，翼如也。君召使傧，色勃如也。君命召，不俟驾行矣。

鱼馁，肉败，割不正，不食。席不正，不坐。食于有丧者之侧，未尝饱也。是日哭，则不歌。见齐衰、瞽者，虽童子必变。

"三人行，必得我师。""德之不修，学之不讲，闻义不能徙，不善不能改，是吾忧也。"使人歌，善，则使复之，然后和之。

子不语：怪，力，乱，神。

子贡曰："夫子之文章，可得闻也。夫子言天道与性命，弗可得闻也已。"颜渊喟然叹曰："仰之弥高，钻之弥坚。瞻之在前，忽焉在后。夫子循循然善诱人，博我以文，约我以礼，欲罢不能。既竭我才，如有所立，卓尔。虽欲从之，蔑由也已。"达巷党人曰："大哉孔子，博学而无所成名。"子闻之曰："我何执？执御乎？执射乎？我执御矣。"牢曰："子云'不试，故艺'。"

鲁哀公十四年春，狩大野。叔孙氏车子鉏商获兽，以为不祥。仲尼视之，曰："麟也。"取之。曰："河不出图，洛不出书，吾已矣夫！"颜渊死，孔子曰："天丧予！"及西狩见麟，曰："吾道穷矣！"喟然叹曰："莫知我夫！"子贡曰："何为莫知子？"子曰："不怨天，不尤人，下学而上达，知我者其天乎！"

"不降其志，不辱其身，伯夷、叔齐乎！"谓"柳下惠、少连降志辱身矣"。谓"虞仲、夷逸隐居放言，行中清，废中权"。"我则异于是，无可无不可。"

子曰："弗乎弗乎，君子病没世而名不称焉。吾道不行矣，吾何以自见于后世哉？"

乃因史记作春秋，上至隐公，下讫哀公十四年，十二公。据鲁，亲周，故殷，运之三代。约其文辞而指博。故吴楚之君自称王，而春秋贬之曰"子"；践土之会实召周天子，而春秋讳之曰"天王狩于河阳"：推此类以绳当世。贬损之义，后有王者举而开之。春秋之义行，则天下乱臣贼子惧焉。

孔子在位听讼，文辞有可与人共者，弗独有也。至于为春秋，笔则笔，削则削，子夏之徒不能赞一辞。弟子受春秋，孔子曰："后世知丘者以春秋，而罪丘者亦以春秋。"

明岁，子路死于卫。孔子病，子贡请见。孔子方负杖逍遥于门，曰："赐，汝来何其晚也？"孔子因叹，歌曰："太山坏乎！梁柱摧乎！哲人萎乎！"因以涕下。谓子贡曰："天下无道久矣，莫能宗予。夏人殡于东阶，周人于西阶，殷人两柱间。昨暮予梦坐奠两柱之间，予始殷人也。"后七日卒。

孔子年七十三，以鲁哀公十六年四月己丑卒。

哀公诔之曰："旻天不吊，不慭遗一老，俾屏余一人以在位，茕茕余在疚。呜呼哀哉！尼父，毋自律！"子贡曰："君其不没于鲁乎！夫子之言曰：'礼失则昏，名失则愆。失志为昏，失所为愆。'生不能用，死而诔之，非礼也。称'余一人'，非名也。"

子葬鲁城北泗上，弟子皆服三年。三年心丧毕，相诀而去，则哭，各复尽哀；或复留。唯子赣庐于冢上，凡六年，然后去。弟子及鲁人往从冢而家者百有余室，因命曰孔里。鲁世世相传以岁时奉祠孔子冢，而诸儒亦讲礼乡饮大射于孔子冢。孔子冢大一顷。故所居堂弟子内，后世因庙藏孔子衣冠琴车书，至于汉二百余年不绝。高皇帝过鲁，以太牢祠焉。诸侯卿相至，常先谒然后从政。

孔子生鲤，字伯鱼。伯鱼年五十，先孔子死。

伯鱼生伋，字子思，年六十二。尝困于宋。子思作中庸。

子思生白，字子上，年四十七。子上生求，字子家，年四十五。子家生箕，字子京，年四十六。子京生穿，字子高，年五十一。子高生子慎，年五十七，尝为魏相。

子慎生鲋，年五十七，为陈王涉博士，死于陈下。

鲋弟子襄，年五十七。尝为孝惠皇帝博士，迁为长沙太守。长九尺六寸。

子襄生忠，年五十七。忠生武，武生延年及安国。安国为今皇帝博士，至临淮太守，蚤卒。安国生卬，卬生欢。

太史公曰：诗有之："高山仰止，景行行止。"虽不能至，然心乡往之。余读孔氏书，想见其为人。适鲁，观仲尼庙堂车服礼器，诸生以时习礼其家，余只回留之不能去云。天下君王至于贤人众矣，当时则荣，没则已焉。孔子布衣，传十余世，学者宗之。自天子王侯，中国言六艺者折中于夫子，可谓至圣矣！

孔子之胄，出于商国。弗父能让，正考铭勒。防叔来奔，邹人掎足。尼丘诞圣，阙里生德。七十升堂，四方取则。卯诛两观，摄相夹谷。歌凤遽衰，泣麟何促！九流仰镜，万古钦躅。

附录三　《史记·仲尼弟子列传》（节选）

孔子曰"受业身通者七十有七人"，皆异能之士也。德行：颜渊、闵子骞、冉伯牛、仲弓。政事：冉有、季路。言语：宰我、子贡。文学：子游、子夏。师也辟，参也鲁，柴也愚，由也喭，回也屡空。赐不受命而货殖焉，亿则屡中。

孔子之所严事：于周则老子；于卫，蘧伯玉；于齐，晏平仲；于楚，老莱子；于郑，子产；于鲁，孟公绰。数称臧文仲、柳下惠、铜鞮伯华、介山子然，孔子皆后之，不并世。

颜回者，鲁人也，字子渊。少孔子三十岁。

颜渊问仁，孔子曰："克己复礼，天下归仁焉。"

孔子曰："贤哉回也！一箪食，一瓢饮，在陋巷，人不堪其忧，回也不改其乐。""回也如愚；退而省其私，亦足以发，回也不愚。""用之则行，舍之则藏，唯我与尔有是夫！"

回年二十九，发尽白，蚤死。孔子哭之恸，曰："自吾有回，门人益亲。"鲁哀公问："弟子孰为好学？"孔子对曰："有颜回者好学，不迁怒，不贰过。不幸短命死矣，今也则亡。"

闵损字子骞。少孔子十五岁。

孔子曰："孝哉闵子骞！人不间于其父母昆弟之言。"不仕大夫，不食汙君之禄。"如有复我者，必在汶上矣。"

冉耕字伯牛。孔子以为有德行。

伯牛有恶疾，孔子往问之，自牖执其手，曰："命也夫！斯人也而有斯疾，命也夫！"

冉雍字仲弓。

仲弓问政，孔子曰："出门如见大宾，使民如承大祭。在邦无怨，在家无怨。"

孔子以仲弓为有德行，曰："雍也可使南面。"

仲弓父，贱人。孔子曰："犁牛之子骍且角，虽欲勿用，山川其舍诸？"

冉求字子有，少孔子二十九岁。为季氏宰。

季康子问孔子曰："冉求仁乎？"曰："千室之邑，百乘之家，求也可使治其赋。仁则吾不知也。"复问："子路仁乎？"孔子对曰："如求。"

求问曰："闻斯行诸？"子曰："行之。"子路问："闻斯行诸？"子曰："有父兄在，如之何其闻斯行之！"子华怪之，"敢问问同而答异？"孔子曰："求也退，故进之。由也兼人，故退之。"

仲由字子路，卞人也。少孔子九岁。

子路性鄙，好勇力，志伉直，冠雄鸡，佩豭豚，陵暴孔子。孔子设礼稍诱子路，子路后儒服委质，因门人请为弟子。

子路问政，孔子曰："先之，劳之。"请益。曰："无倦。"

子路问："君子尚勇乎？"孔子曰："义之为上。君子好勇而无义则乱，小人好勇而无义则盗。"

子路有闻，未之能行，唯恐有闻。

孔子曰："片言可以折狱者，其由也与！""由也好勇过我，无所取材。""若由也，不得其死然。""衣敝缊袍与衣狐貉者立而不耻者，其由也与！""由也升堂矣，未入于室也。"

季康子问："仲由仁乎？"孔子曰："千乘之国可使治其赋，不知其仁。"

子路喜从游，遇长沮、桀溺、荷蓧丈人。

子路为季氏宰，季孙问曰："子路可谓大臣与？"孔子曰："可谓具臣矣。"

子路为蒲大夫，辞孔子。孔子曰："蒲多壮士，又难治。然吾语汝：恭以敬，可以执勇；宽以正，可以比众；恭正以静，可以报上。"

初，卫灵公有宠姬曰南子。灵公太子蒉聩得过南子，惧诛出奔。及灵公卒而夫人欲立公子郢。郢不肯，曰："亡人太子之子辄在。"于是卫立辄为君，是为出公。出公立十二年，其父蒉聩居外，不得入。子路为卫大夫孔悝之邑宰。蒉聩乃与孔悝作乱，谋入孔悝家，遂与其徒袭攻出公。出公奔鲁，而蒉聩入立，是为庄公。方孔悝作乱，子路在外，闻之而驰往。遇子羔出卫城门，谓子路曰："出公去矣，而门已闭，子可还矣，毋空受其祸。"子路曰："食其食者不避其难。"子羔卒去。有使者入城，城门开，子路随而入。造蒉聩，蒉聩与孔悝登台。子路曰："君焉用孔悝？请得而杀之。"蒉聩弗听。于是子路欲燔台，蒉聩惧，乃下石乞、壶黡攻子路，击断子路之缨。子路曰："君子死而冠不免。"遂结缨而死。

孔子闻卫乱，曰："嗟乎，由死矣！"已而果死。故孔子曰："自吾得由，恶言不闻于耳。"是时子贡为鲁使于齐。

宰予字子我。利口辩辞。既受业，问："三年之丧不已久乎？君子三年不为礼，礼必坏；三年不为乐，乐必崩。旧谷既没，新谷既升，钻燧改火，期可已矣。"子曰：

"于汝安乎?"曰:"安。""汝安则为之。君子居丧,食旨不甘,闻乐不乐,故弗为也。"宰我出,子曰:"予之不仁也!子生三年然后免于父母之怀。夫三年之丧,天下之通义也。"

宰予昼寝。子曰:"朽木不可雕也,粪土之墙不可圬也。"

宰我问五帝之德,子曰:"予非其人也。"

宰我为临菑大夫,与田常作乱,以夷其族,孔子耻之。

端沐赐,卫人,字子贡。少孔子三十一岁。

子贡利口巧辞,孔子常黜其辩。问曰:"汝与回也孰愈?"对曰:"赐也何敢望回!回也闻一以知十,赐也闻一以知二。"

子贡既已受业,问曰:"赐何人也?"孔子曰:"汝器也。"曰:"何器也?"曰:"瑚琏也。"

陈子禽问子贡曰:"仲尼焉学?"子贡曰:"文武之道未坠于地,在人,贤者识其大者,不贤者识其小者,莫不有文武之道。夫子焉不学,而亦何常师之有!"又问曰:"孔子适是国必闻其政。求之与?抑与之与?"子贡曰:"夫子温良恭俭让以得之。夫子之求之也,其诸异乎人之求之也。"

子贡问曰:"富而无骄,贫而无谄,何如?"孔子曰:"可也;不如贫而乐道,富而好礼。"

田常欲作乱于齐,惮高、国、鲍、晏,故移其兵欲以伐鲁。孔子闻之,谓门弟子曰:"夫鲁,坟墓所处,父母之国,国危如此,二三子何为莫出?"子路请出,孔子止之。子张、子石请行,孔子弗许。子贡请行,孔子许之。

遂行,至齐,说田常曰:"君之伐鲁过矣。夫鲁,难伐之国,其城薄以卑,其地狭以泄,其君愚而不仁,大臣伪而无用,其士民又恶甲兵之事,此不可与战。君不如伐吴。夫吴,城高以厚,地广以深,甲坚以新,士选以饱,重器精兵尽在其中,又使明大夫守之,此易伐也。"田常忿然作色曰:"子之所难,人之所易;子之所易,人之所难:而以教常,何也?"子贡曰:"臣闻之,忧在内者攻彊,忧在外者攻弱。今君忧在内。吾闻君三封而三不成者,大臣有不听者也。今君破鲁以广齐,战胜以骄主,破国以尊臣,而君之功不与焉,则交日疏于主。是君上骄主心,下恣群臣,求以成大事,难矣。夫上骄则恣,臣骄则争,是君上与主有卻,下与大臣交争也。如此,则君之立于齐危矣。故曰不如伐吴。伐吴不胜,民人外死,大臣内空,是君上无彊臣之敌,下无民人之过,孤主制齐者唯君也。"田常曰:"善。虽然,吾兵业已加鲁矣,去而之吴,大臣疑我,奈何?"子贡曰:"君按兵无伐,臣请往使吴王,令之救鲁而伐齐,君因以兵迎之。"田常许之,使子贡南见吴王。

说曰:"臣闻之,王者不绝世,霸者无彊敌,千钧之重加铢两而移。今以万乘之齐而私千乘之鲁，与吴争彊，窃为王危之。且夫救鲁，显名也；伐齐，大利也。以抚泗上诸侯，诛暴齐以服彊晋，利莫大焉。名存亡鲁，实困彊齐。智者不疑也。"吴王曰："善。虽然，吾尝与越战，栖之会稽。越王苦身养士，有报我心。子待我伐越而听子。"子贡曰："越之劲不过鲁，吴之彊不过齐，王置齐而伐越，则齐已平鲁矣。且王方以存亡继绝为名，夫伐小越而畏彊齐，非勇也。夫勇者不避难，仁者不穷约，智者不失时，王者不绝世，以立其义。今存越示诸侯以仁，救鲁伐齐，威加晋国，诸侯必相率而朝吴，霸业成矣。且王必恶越，臣请东见越王，令出兵以从，此实空越，名从诸侯以伐也。"吴王大说，乃使子贡之越。

越王除道郊迎，身御至舍而问曰："此蛮夷之国，大夫何以俨然辱而临之？"子贡曰："今者吾说吴王以救鲁伐齐，其志欲之而畏越，曰'待我伐越乃可'。如此，破越必矣。且夫无报人之志而令人疑之，拙也；有报人之志，使人知之，殆也；事未发而先闻，危也。三者举事之大患。"句践顿首再拜曰："孤尝不料力，乃与吴战，困于会稽，痛入于骨髓，日夜焦唇干舌，徒欲与吴王接踵而死，孤之原也。"遂问子贡。子贡曰："吴王为人猛暴，群臣不堪；国家敝以数战，士卒弗忍；百姓怨上，大臣内变；子胥以谏死，太宰嚭用事，顺君之过以安其私：是残国之治也。今王诚发士卒佐之徼其志，重宝以说其心，卑辞以尊其礼，其伐齐必也。彼战不胜，王之福矣。战胜，必以兵临晋，臣请北见晋君，令共攻之，弱吴必矣。其锐兵尽于齐，重甲困于晋，而王制其敝，此灭吴必矣。"越王大说，许诺。送子贡金百镒，剑一，良矛二。子贡不受，遂行。

报吴王曰："臣敬以大王之言告越王，越王大恐，曰：'孤不幸，少失先人，内不自量，抵罪于吴，军败身辱，栖于会稽，国为虚莽，赖大王之赐，使得奉俎豆而修祭祀，死不敢忘，何谋之敢虑！'"后五日，越使大夫种顿首言于吴王曰："东海役臣孤句践使者臣种，敢修下吏问于左右。今窃闻大王将兴大义，诛彊救弱，困暴齐而抚周室，请悉起境内士卒三千人，孤请自被坚执锐，以先受矢石。因越贱臣种奉先人藏器，甲二十领，铁屈卢之矛，步光之剑，以贺军吏。"吴王大说，以告子贡曰："越王欲身从寡人伐齐，可乎？"子贡曰："不可。夫空人之国，悉人之众，又从其君，不义。君受其币，许其师，而辞其君。"吴王许诺，乃谢越王。于是吴王乃遂发九郡兵伐齐。

子贡因去之晋，谓晋君曰："臣闻之，虑不先定不可以应卒，兵不先辨不可以胜敌。今夫齐与吴将战，彼战而不胜，越乱之必矣；与齐战而胜，必以其兵临晋。"晋君大恐，曰："为之奈何？"子贡曰："修兵休卒以待之。"晋君许诺。

子贡去而之鲁。吴王果与齐人战于艾陵，大破齐师，获七将军之兵而不归，果以兵临晋，与晋人相遇黄池之上。吴晋争彊。晋人击之，大败吴师。越王闻之，涉江袭吴，去城七里而军。吴王闻之，去晋而归，与越战于五湖。三战不胜，城门不守，越

遂围王宫，杀夫差而戮其相。破吴三年，东向而霸。

故子贡一出，存鲁，乱齐，破吴，彊晋而霸越。子贡一使，使势相破，十年之中，五国各有变。

子贡好废举，与时转货资。喜扬人之美，不能匿人之过。常相鲁卫，家累千金，卒终于齐。

言偃，吴人，字子游。少孔子四十五岁。

子游既已受业，为武城宰。孔子过，闻弦歌之声。孔子莞尔而笑曰："割鸡焉用牛刀?"子游曰："昔者偃闻诸夫子曰，君子学道则爱人，小人学道则易使。"孔子曰："二三子，偃之言是也。前言戏之耳。"孔子以为子游习于文学。

卜商字子夏。少孔子四十四岁。

子夏问："'巧笑倩兮，美目盼兮，素以为绚兮'，何谓也?"子曰："绘事后素。"曰："礼后乎?"孔子曰："商始可与言诗已矣。"

子贡问："师与商孰贤?"子曰："师也过，商也不及。""然则师愈与?"曰："过犹不及。"

子谓子夏曰："汝为君子儒，无为小人儒。"

孔子既没，子夏居西河教授，为魏文侯师。其子死，哭之失明。

颛孙师，陈人，字子张。少孔子四十八岁。

子张问干禄，孔子曰："多闻阙疑，慎言其余，则寡尤；多见阙殆，慎行其余，则寡悔。言寡尤，行寡悔，禄在其中矣。"

他日从在陈蔡间，困，问行。孔子曰："言忠信，行笃敬，虽蛮貊之国行也；言不忠信，行不笃敬，虽州里行乎哉！立则见其参于前也，在舆则见其倚于衡，夫然后行。"子张书诸绅。

子张问："士何如斯可谓之达矣?"孔子曰："何哉，尔所谓达者?"子张对曰："在国必闻，在家必闻。"孔子曰："是闻也，非达也。夫达者，质直而好义，察言而观色，虑以下人，在国及家必达。夫闻也者，色取仁而行违，居之不疑，在国及家必闻。"

曾参，南武城人，字子舆。少孔子四十六岁。

孔子以为能通孝道，故授之业。作孝经。死于鲁。

淡台灭明，武城人，字子羽。少孔子三十九岁。

状貌甚恶。欲事孔子，孔子以为材薄。既已受业，退而修行，行不由径，非公事不见卿大夫。

南游至江，从弟子三百人，设取予去就，名施乎诸侯。孔子闻之，曰："吾以言取人，失之宰予；以貌取人，失之子羽。"

宓不齐字子贱。少孔子三十岁。

孔子谓"子贱君子哉！鲁无君子，斯焉取斯？"

子贱为单父宰，反命于孔子，曰："此国有贤不齐者五人，教不齐所以治者。"孔子曰："惜哉不齐所治者小，所治者大则庶几矣。"

原宪字子思。

子思问耻。孔子曰："邦有道，谷。邦无道，谷，耻也。"

子思曰："克伐怨欲不行焉，可以为仁乎？"孔子曰："可以为难矣，仁则吾弗知也。"

孔子卒，原宪遂亡在草泽中。子贡相卫，而结驷连骑，排藜藋入穷阎，过谢原宪。宪摄敝衣冠见子贡。子贡耻之，曰："夫子岂病乎？"原宪曰："吾闻之，无财者谓之贫，学道而不能行者谓之病。若宪，贫也，非病也。"子贡惭，不怿而去，终身耻其言之过也。

公冶长，齐人，字子长。

孔子曰："长可妻也，虽在缧绁之中，非其罪也。"以其子妻之。

南宫括字子容。

问孔子曰："羿善射，奡荡舟，俱不得其死然；禹稷躬稼而有天下？"孔子弗答。容出，孔子曰："君子哉若人！上德哉若人！""国有道，不废；国无道，免于刑戮。"三复"白珪之玷"，以其兄之子妻之。

公皙哀字季次。

孔子曰："天下无行，多为家臣，仕于都；唯季次未尝仕。"

曾蒧字皙。

侍孔子，孔子曰："言尔志。"蒧曰："春服既成，冠者五六人，童子六七人，浴乎沂，风乎舞雩，咏而归。"孔子喟尔叹曰："吾与蒧也！"

颜无繇字路。路者，颜回父，父子尝各异时事孔子。

颜回死，颜路贫，请孔子车以葬。孔子曰："材不材，亦各言其子也。鲤也死，有棺而无椁，吾不徒行以为之椁，以吾从大夫之后，不可以徒行。"

商瞿，鲁人，字子木。少孔子二十九岁。

孔子传易于瞿，瞿传楚人馯臂子弘，弘传江东人矫子庸疵，疵传燕人周子家竖，竖传淳于人光子乘羽，羽传齐人田子庄何，何传东武人王子中同，同传菑川人杨何。何元朔中以治易为汉中大夫。

高柴字子羔。少孔子三十岁。

子羔长不盈五尺，受业孔子，孔子以为愚。

子路使子羔为费郈宰，孔子曰："贼夫人之子！"子路曰："有民人焉，有社稷焉，何必读书然后为学！"孔子曰："是故恶夫佞者。"

漆雕开字子开。

孔子使开仕，对曰："吾斯之未能信。"孔子说。

公伯缭字子周。

周诉子路于季孙，子服景伯以告孔子，曰："夫子固有惑志，缭也，吾力犹能肆诸市朝。"孔子曰："道之将行，命也；道之将废，命也。公伯缭其如命何！"

司马耕字子牛。

牛多言而躁。问仁于孔子，孔子曰："仁者其言也讱。"曰："其言也讱，斯可谓之仁乎？"子曰："为之难，言之得无讱乎！"

问君子，子曰："君子不忧不惧。"曰："不忧不惧，斯可谓之君子乎？"子曰："内省不疚，夫何忧何惧！"

樊须字子迟。少孔子三十六岁。

樊迟请学稼，孔子曰："吾不如老农。"请学圃，曰："吾不如老圃。"樊迟出，孔子曰："小人哉樊须也！上好礼，则民莫敢不敬；上好义，则民莫敢不服；上好信，则民莫敢不用情。夫如是，则四方之民襁负其子而至矣，焉用稼！"

樊迟问仁，子曰："爱人。"问智，曰："知人。"

有若少孔子四十三岁。有若曰："礼之用，和为贵，先王之道斯为美。小大由之，有所不行；知和而和，不以礼节之，亦不可行也。""信近于义，言可复也；恭近于礼，远耻辱也；因不失其亲，亦可宗也。"

孔子既没，弟子思慕，有若状似孔子，弟子相与共立为师，师之如夫子时也。他日，弟子进问曰："昔夫子当行，使弟子持雨具，已而果雨。弟子问曰：'夫子何以知之？'夫子曰：'诗不云乎？"月离于毕，俾滂沱矣。"昨暮月不宿毕乎？'他日，月宿毕，竟不雨。商瞿年长无子，其母为取室。孔子使之齐，瞿母请之。孔子曰：'无忧，瞿年四十后当有五丈夫子。'已而果然。问夫子何以知此？"有若默然无以应。弟子起曰："有子避之，此非子之座也！"

公西赤字子华。少孔子四十二岁。

子华使于齐，冉有为其母请粟。孔子曰："与之釜。"请益，曰："与之庾。"冉子与之粟五秉。孔子曰："赤之适齐也，乘肥马，衣轻裘。吾闻君子周急不继富。"

巫马施字子旗。少孔子三十岁。

陈司败问孔子曰："鲁昭公知礼乎？"孔子曰："知礼。"退而揖巫马旗曰："吾闻君子不党，君子亦党乎？鲁君娶吴女为夫人，命之为孟子。孟子姓姬，讳称同姓，故谓之孟子。鲁君而知礼，孰不知礼！"施以告孔子，孔子曰："丘也幸，苟有过，人必知之。臣不可言君亲之恶，为讳者，礼也。"

后　记

　　有必要交代本书的缘起。初高中语文课本中的古文是我最喜欢的，不管语文老师是否要求背诵，我总是自己经常诵读以至于能够熟记于心。1988 年进入大学，大学一年级还有大学语文课程，欣喜于学法之外，还能继续感受文学之美。大学四年级时抄写过《易经》和《道德经》原文，当时根本不懂，也不求甚解，纯粹是为了让时间过得有意义。工作之后，陷于家庭、事业、提高学历等繁杂事情中，一晃到了 2006 年上半年，去美国亚利桑那州立大学法学院访学。在春季跟一个美国教授和两个中国留学生去观看美国白族（大概是从中国云南经东南亚国家，最后到美国的中国白族）的纪念活动，那天，被美国教授问了一些我没有认真思考过的问题。例如，中华文化是什么？为什么世界上文明古国都消亡了，而只有中华文化历经五千年而没有中断？中国人怎么过节？等等。尽管已经博士毕业了，我却被前两个问题难住了，甚感羞愧，愧对中华古圣先贤。当时虽回答"四书五经"云云，内心的虚弱只有自己明白。那时的人物都已模糊不清，唯有那难解的疑惑至今萦绕脑海。当天晚上，在网上搜索了苏轼的《前赤壁赋》，熟读几遍后，尝试背诵，能够背诵后就默写，以安慰自己。不知何故，冥冥中就是觉得苏轼及其《前赤壁赋》是孔子及其传述之后的中华文化典型代表。而后全面了解苏轼的生平及作品，还有后人对苏轼的评述等。自那以后，法学和国学成了我的两大研究重心。截至 2022 年 12 月 6 日写作此后记的当下，对于中华文化的答案就是"做像孔子、苏轼那样的人"。2006 年 6 月回国，陆续购买了南怀瑾先生所有的书，如饥似渴地阅读。读完之后，并未能够解惑。与此同时购买了许多儒、释、道诸家典籍及朱熹、刘宝楠、程树德、钱穆、陈鼓应、傅佩荣等名家的解读书籍，刻苦研读。但因为各家解说大同小异而又聚讼纷纭，对于《论语》的本义仍不得其门而入。

　　在此，必须诚挚感谢刘纯泽先生。因机缘巧合，一个法学院学生告诉我，我校公共管理学院刘纯泽先生为本科生开设《论语》《道德经》等通识课程。我就开始蹭他为本科生讲授《论语》的课堂，蹭课持续十几年。聆听刘老师娓娓道来，描述春秋末期孔子与当时的国君、执政大夫、士的对话场景，挑战想象力和训练逻辑能力。在持

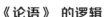

续受教的过程中，我慢慢地对中华文化有了豁然开朗的领悟。在此期间，也跟所有蹭课的学生一样，希望刘纯泽先生能把他的研究成果撰文发表。众人虽极力劝说而未果。于是就尝试跟刘老师合作开展解读经典的研究工作，先后在《原道》上发表了两篇解经性质的论文。在与编辑交流的过程中，发现几乎没有编辑欢迎我们的作品，投稿要么石沉大海，要么不符合期刊编辑对研究孔子思想的论文期待。还有的编辑告诉我说现在人们对《论语》本义是什么并不在意，关键是怎么与现实相结合。这令我很困惑，如果不懂《论语》本义，如何与现实相结合？诸多原因，促使我另辟蹊径，《〈论语〉的逻辑》就是这种万不得已的结果。本书既有对前期发表成果的汇总，也有新的探索心得之披露。王小康本科、硕士、博士都是在中南财经政法大学完成的，现在已经留校工作。他在我校读书期间，也听了刘纯泽老师的《论语》课，之后撰写了论文，编入本书的第七部分。因此，本书是一个合作作品。凡是跟刘纯泽先生有接触并交流的人，一致认为他性情温润如玉，温良恭俭让，是一个真正的谦谦君子。在学问方面，他不容许自己有任何不符合逻辑以及没有证据地解读《论语》的地方，也不放过任何一个疑问。可见，他对自己治学的严苛标准。他是宝通禅寺昭明法师的弟子，自奉极其俭约，对待学生既慈爱又严格。在我的心中，刘纯泽先生是一个当代的孔夫子，是穿越两千多年在 20 世纪末和 21 世纪来传承孔子之道的。他像马斯克公开电动车专利技术一样，把他的最新研究成果无私地奉献给所有人，而不据为己有。他要求在本书作者中不署名的。刘纯泽先生是纯粹以学问为目标的，而并不追求发表并由此获得世俗的名利，非常令人敬佩，他就是中华文化的传道人。感恩有缘得见并求教于先生！

还要感谢我的父母。今年是我最悲伤的一年，因为我勤劳善良、忍辱负重、贤惠慈爱的母亲桂素芳走完了她痛苦而无私奉献的一生，于 2022 年 2 月 19 日去世，享年 77 岁。因为我学习古典文献，真正明白了孝道的内涵，所以越发怀念母亲，回想她对我们兄妹四人的养育之恩，我们回报的太少却已无法弥补。我们幼年时农村都是极度贫困的，母亲想尽办法、受尽委屈地为我们一家七口人不因冻饿而死，去求公社干部购买一些通销粮；白天下地干活，晚上在昏暗的煤油灯下为一家人做四季的衣服鞋袜而日夜操劳。"棘心夭夭，母氏劬劳"，以致晚年百病缠身，未能得享一日清福。《论语》说"孝悌也者，其为仁之本欤！"诚不我欺！子女与母亲的血脉相连可能胜于父亲。我的父亲韩金付于 2018 年 9 月 20 日晚上去世，我接到电话得知他去世消息时也很悲伤，却没有如同得知母亲去世时身体被掏空的感觉。作为女儿，父母的生养教育之恩是同等的无私与伟大，一个人呱呱坠地需要三年才能离开父母的怀抱，独立行走。客观来说，从我上小学以后各个阶段的成长乃至大学专业的选择，父亲发挥的作用更大，而母亲的慈爱、善良滋养我人生的始终。父亲是 66 级郑州冶金专科学校的大学生。他总是以"山中无老虎，猴子称大王"来告诫我不要因为小学每门课程考了 100

分而骄傲自满。高中二年级分科时，他说"学好数理化，走遍天下都不怕"，要我选择理科。我在理科班上了一个月的课，发现完全听不懂，未经父亲同意调整去了文科班，后来高考成绩证明了我选择的正确。高考后填报大学志愿时，他要我所有学校和所有专业都填报法学。最为关键的是，在我幼年时代，河南农村特别重男轻女，很多家庭都不让女儿读书，我的父亲力排众议，说不管是儿子还是女儿，只要能读书，就是砸锅卖铁都要供孩子读书。每学期开学前一个月父亲都会因为孩子们的学费而发愁，变卖家中一切值钱的东西还凑不够学费，要到处去求人借钱。"哀哀父母，生我劳瘁。"从现在来看，我父亲的见识是远超过他的同龄人的。现在很多人反对中华文化中的孝道，从我的亲身经历来说，这完全是找错了反对的对象。《孝经》说："身体发肤，受之父母，不敢毁伤，孝之始也。立身行道，扬名于后世，以显父母，孝之终也。"每日读《论语》，再结合自身，使我对孝道的认识日益加深。永远感恩父母在极其艰难的日子里尽心抚养和教育我们兄妹四人：要堂堂正正、清清白白地做人！

《论语》中涉及"孝"共有十二章句，都是合理的、切实可行的教导，并非后世腐儒所说"父要子亡，子不得不亡"。例如"父母在，不远游。游必有方""父母为其疾之忧""父母之年，不可不知。一则以喜，一则以忧"等。而且孔子从不强人所难。例如宰予说守丧三年，时间太长了，守丧一年就够了，孔子说只要你心安即可。古代社会由于客观条件和异地为官的制度所限，往往存在尽忠与尽孝的两难选择。现在年轻人面临的是工作事业发展与陪伴父母的两难，这既需要父母与子女之间相互理解和协调解决，也需要外部社会机制的支持。总之，不论任何时代，父母与子女家人之间的血脉亲情和温暖是最感人心！也是一个人最终的心灵归属！而营造家庭温馨港湾的仁爱能力是需要从小细心培养的。

还要感谢智慧慈爱、克勤克俭的婆婆吕锡贤和她教养的勤劳善良、通情达理的六个子女组成的相互扶持的大家庭。尤其是要感谢我的爱人张建民，因为他，我才有了幸福的婚姻。这使我更进一步体会到中华文化的正确性、妥当性，中华文化的精华完全可以与现代文明很好融合的。婆婆一生的言行特别符合《论语》"克己复礼为仁"的标准，也符合《道德经》"无为而治"的精髓。爱人主动承担大部分家务并支持我分一半精力研究先秦元典，才使我有工夫来撰写以及张罗本书的出版事宜。在我没有领悟孔子精神之前，我说我爱人是道家，贯彻无为而治、顺其自然的精神，而我是儒家，明知不可为而为之。后来弄明白了《道德经》《论语》后，才发现其实老子和孔子本是属于一家。后世学人只看到了他们的不同，却没有明白他们根本相同之处，才将他们的思想截然分开。

最后感谢北京理工大学出版社王桂群、黎伟军等编辑。经过她们多次审查、核改初稿和辛苦编校等工作，才有了本书的最终面世。当然，所有文字、内容和思想方面

的责任都由作者承担。由于作者的学识有限，在古典文献的积淀方面存在不足，所以本书作为阶段性成果，必然存在疏漏和缺陷。恳请方家多多指正，帮助作者在后续再版，加以纠正。

韩桂君

2022 年 12 月 6 日

于中南财经政法大学法律援助与保护中心